傅海龙 著

精明老板这样管会计

北京理工大学出版社
BEIJING INSTITUTE OF TECHNOLOGY PRESS

图书在版编目（CIP）数据

精明老板这样管会计 / 傅海龙著. —北京：北京理工大学出版社，
2015.8

ISBN 978 – 7 – 5682 – 0689 – 1

Ⅰ.①精…　Ⅱ.①傅…　Ⅲ.①企业管理 – 会计　Ⅳ.①F275.2

中国版本图书馆CIP数据核字（2015）第 119392 号

出版发行 / 北京理工大学出版社有限责任公司
社　　　址 / 北京市海淀区中关村南大街 5 号
邮　　　编 / 100081
电　　　话 /（010）68914775（总编室）
　　　　　　（010）82562903（教材售后服务热线）
　　　　　　（010）68948351（其他图书服务热线）
网　　　址 / http：//www.bitpress.com.cn
经　　　销 / 全国各地新华书店
印　　　刷 / 北京恒石彩印有限公司
开　　　本 / 710 毫米 × 1000 毫米　1/16
印　　　张 / 12.5　　　　　　　　　　　　　　责任编辑 / 申玉琴
字　　　数 / 155 千字　　　　　　　　　　　　文案编辑 / 申玉琴
版　　　次 / 2015 年 8 月第 1 版　2015 年 8 月第 1 次印刷　　责任校对 / 周瑞红
定　　　价 / 35.80 元　　　　　　　　　　　　责任印制 / 李志强

序言

如今，随着我国经济的飞速发展和改革开放的不断深入，以及市场经济体制的逐步完善，各个领域的企业纷纷发展成熟起来。在企业的管理工作尤其是财务管理中，会计管理表现出了更加重要的地位和作用。

会计管理可谓是企业管理工作尤其是企业财务管理工作的重心所在。企业会计管理工作质量的高低和企业的财务运营乃至企业的总体发展息息相关，而且，企业会计管理的高效执行还有助于提升企业的市场竞争能力和社会形象。

总之，在整个企业管理工作中，会计管理可谓是其中的关键板块。作为企业经营管理的核心人物，企业老板必须要足够了解企业的会计管理工作质量，时刻把握会计管理的核心环节，切忌想当然地拍脑袋做决策。只有这样，才能使企业从"别人投资事半功倍，自己投资事倍功半"的颓败境况中解脱出来，并且走向高速发展。

尽管企业会计管理工作的重要性越发突出，但是很多企业的会计管理体制并没有随之一起得到改善，甚至个别企业的会计管理制度还处于不健全的危机状态，这种情况导致这些企业的会计管理工作呈现一团乱麻的状况。因此，对企业的会计管理机制进行优化便成为摆在众多企业老板眼前的一件迫在眉睫的大事。

面对企业的相关会计问题，很多企业老板一筹莫展、不知所措，希望有一本企业会计方面的"实用宝典"解燃眉之急。其实，企业的会计管理并没有某些企业老板想象的那么难。本书以图解的形式，通过言简意赅、通俗易懂的文字，图文并茂、深入浅出地向企业老板呈现出企业管理必备的系列知识和"技能"，进而帮助企业老板在最短的时间内熟练掌握会计管理工作的要领。

本书涉及会计工作的各个方面，从会计管理的重要性、资产管理、负债管理、所有者权益、收入管理、成本费用管理、利润管理、税务管理八个方面，为企业老板一一介绍相关的企业会计工作要领。本书站在企业老板的立场上，图文并茂地为大家答疑解惑。当然，在实际工作中，企业的会计工作并不是全部由企业老板亲力亲为，相反地，更多的操作环节是由具体的岗位职工完成的，而企业老板主要负责最后的"拍板"和决策环节。因此，针对会计工作中所涉及的某些决策环节，书中会特别介绍一下企业老板在其中的工作，当然，这也是相关工作的关键环节。

如今，企业会计管理工作早已不再是当初那个市场萌芽时期一支笔、一个账本的"简易会计时代"，新时代的会计管理工作已经演变为一系列成系统、成规模的成熟体系。作为一家企业的绝对领袖——企业老板的关键作用就是要全方位地对多元的相关数据进行分析，从而准确地把握企业未来的发展方向和科学地制订市场规划，保证决策的正确性、科学性和合理性，并最终促进企业的整体发展。

目录

第六章　成本费用管理：省出的每一分钱都是利润

第七章　利润管理：掌控利润区，保证绝对收入

第八章　税务管理：无限接近但不逾越

第一章

老板为什么要管会计：给中小企业老板的建议

　　会计管理属于企业财务管理工作的核心内容，两者有着密不可分的联系。会计信息是企业老板进行相关决策的重要参考依据。所以，企业的会计管理部门是企业管理机构不可或缺的组成部分，企业老板要想做好财务管理工作，经营好企业，首先要懂会计管理。

老板为什么要懂会计

　　作为一家企业的核心领袖，企业老板对于企业的管理工作可谓殚精竭虑。企业管理的内容是非常复杂的，包括生产管理、经营管理、质量管理、物资管理等等。企业管理涵盖了企业的人、财、物、供、产、销各个环节。这些内容错综复杂、彼此渗透、相互影响，共同形成了企业运营这个整体。

　　企业的管理工作涉及了企业的方方面面，企业的所有部门都参与到企业的日常管理和运营当中，因此，企业管理成效的优劣绝对不是一个部门的事情，而是企业若干部门共同作用的结果。在这所有部门的参与中，会计工作在企业经济管理中处于基础性地位，这是由新形势下会计工作的基本特性所决定的。

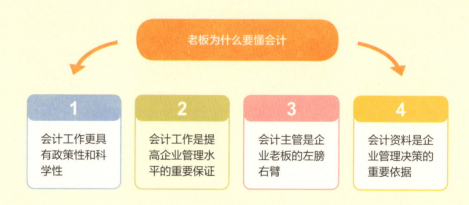

老板为什么要懂会计

1 会计工作更具有政策性和科学性

2 会计工作是提高企业管理水平的重要保证

3 会计主管是企业老板的左膀右臂

4 会计资料是企业管理决策的重要依据

　　会计部门与企业其他各个部门以及各项业务都永不停歇地发生着直接或间接的广泛联系，因此，在企业相关经济业务所涉及的各个部门中，会计部门绝对是处于基础性地位的。基于此，企业老板往往会让会计部门积极参与到企业的其他管理中，以此来提高企业的经济效益，使企业不断发展壮大。从某种程度上说，没有会计工作，也就没有企业管理。可以毫不夸张地说，会计工作是企业步入科学化管理道路的关键所在。同时，它也是监督整个企业活动的重要手段，更是企业制定政策和计划的主要依据。随着企业改革创新的不断深入和现代企业制度的逐步完善，会计工作在企业管理中的作用将日益明显。

如今，在企业的日常经营和管理中，会计工作的具体内容和任务已从单纯的信息咨询、监督、服务等职能，开始逐步向预测、监测和参与企业决策等高级职能的方向发展。在这种情况下，如果企业缺乏一套完整、真实、及时的会计信息，那么，企业的管理工作势必会影响企业的经营决策。所以，企业老板要想管理好自己的企业，就要加强并完善企业的会计管理机制，因此老板就必须要懂会计。

对于会计工作在企业新形势下经营管理中的特殊地位，我们可以从以下几个方面来认识：

1.会计工作更具有政策性和科学性

老板是企业的终极管理者。在老板眼里，企业的所有经济活动都必须以企业的长远目标为最高宗旨，并在长远目标的引导、约束和规范下进行。不容忽视的一点是企业的各项决策又绝大部分直接或间接地落实在企业的会计工作中。会计工作更加科学地表明了企业的相关政策。因此，为了能够更好地检查企业相关政策的落实情况，企业老板必须懂会计。

2.会计工作是提高企业管理水平的重要保证

会计通过会计报表为企业老板以及相关管理者提供企业经营活动的各项信息，直接或间接地参与到企业的日常管理工作。无论是企业产品的成本核算，还是企业相关资金运用情况，可以说，会计都是企业预算执行的第一个知情者和监督人。具体来说，企业从产品材料采购到销售回款，其工作内容涉及预算、价格比较、信用管理、指标对比等等，会计在其中履行着重要的监督职能，甚至在各个环节参与到企业的管理之中。

会计工作做得好与坏，在一定程度上能够反映出一个企业的管理水平。作为企业管理过程中不可或缺的管理工具，会计工作不仅能够反映出企业生产经营活动的过程与结果，还能通过预算、监督、参与决策等方式参与企业的各项管理，甚至可作为重要管理环节来使用。因此，会计工作可谓是提高企业管理水平的重要保证，基于这一点，企业老板必须懂会计。

3. 会计主管是企业老板的左膀右臂

企业的会计工作，主要是依靠会计主管和会计人员共同来完成的。从外部经济环境来看，每个企业的生产经营都要面向社会、面向现代化经济建设。这就决定了企业必然会与社会发生多种形式的经济来往，甚至发生多方面错综复杂的联系。其中的经济关系就需要企业的会计主管及相关人员进行处理。

从内部经济环境来看，企业的所有经济管理工作都要按经济规律进行，而且，这一点在竞争日趋激烈的市场环境中显得更加重要。这就要求会计主管及相关人员要对企业的生财、聚财、用财等理财之道有一个全方位的研究和把握，进而使有限的资金发挥更大的经济效益。这一切会计工作需要由会计主管来完成。会计主管是企业老板的左膀右臂，是为老板进行企业决策提供意见参考的核心成员。如果老板不懂会计，又怎么能有效地采纳会计主管的意见进行决策呢？因此，为了能够更加有效地借助会计主管的工作和帮助，企业老板必须懂会计。

4.会计资料是企业管理决策的重要依据

会计信息能够为企业老板（或者说是企业决策者）在企业管理工作中提供丰富而可靠的参考资料，作为企业老板做出管理决策的重要依据。具体来说，对会计信息进行会计分析既是企业制订相关计划的前提，同时也是检查计划执行情况、反映工作成绩和提供改善建议的主要手段。通过对企业生产经营活动成果及其相关会计资料进行分析，不仅能够挖掘出用以提高企业经济效益的途径，还能发现企业管理工作中的薄弱环节，帮助企业老板找出差距及原因，进而完善企业管理工作。因此，为了能够有效利用企业的会计资料，企业老板必须懂会计。

另外，如果老板不懂会计，就很难发现会计报告中反映出的企业存在的问题，那么老板就很难做出正确的决策。长期积累下来，这些问题会给企业造成难以弥补的损失。一旦这些问题触及国家税法等法律法规，那么，国家的法制部门首先追究的是企业法定代表人或是经理人的责任。所以，作为一家企业的核心决策人物，企业老板是不能以不懂会计业务为由推脱责任的。

综上所述，会计工作在企业管理中的地位日益重要，会计工作贯穿企业经营与管理的各个环节。虽然企业老板不必成为会计，不必亲自从事相关会计工作，但老板作为企业会计管理（财务管理）的核心决策人，为了使企业更加合理、有效地发展，企业老板必须懂会计。

会计管理要达到的目标

狭义的会计指的是以货币为主要计量单位，以凭证为主要依据，通过一些专门的技术方法，对企业的资金运行，或者是企业的其他经济活动，进行全面、综合、连续和系统的核算与监督。会计为上级主管以及企业老板提供会计信息，参与经营管理，提高经济效益。会计管理是经济管理工作的主要内容。

会计管理要达到的目标

1 向资源提供者（企业老板）反映资源受托管理情况

2 实现资源的优化配置

3 提高生产效率、生产经济效果和经济效益

4 会计管理的其他目标

做任何事都需要明确一个努力奋斗的目标，企业管理也是一样。对于企业老板来说，要想做好会计管理这项经济管理工作，必须明确会计管理所应达到的目标，以此保证会计管理工作的质量，进而提高企业管理效率。从理论方面来讲，会计管理目标是现代会计目标理论的重要内容。如果企业老板对会计管理目标不够重视，势必会给企业的未来发展带来不良影响。而且，在会计管理基础理论体系中，相应的会计管理目标都具有重大意义，企业只

有确立了明确的会计管理目标，才能够在这个基础上构建会计管理的基本概念、信息质量特征以及相关原则和方法等。

从实践角度来讲，会计管理主要为企业内部经营管理服务，而会计管理目标是会计管理实践的起点和归宿，更是连接会计管理理论与会计管理实践的"纽带"。只有会计管理目标明确了，才能卓有成效地服务于企业内部经营管理。因此，会计管理目标的明确对企业来说，可谓是意义深远，企业老板必须明确会计管理要达到的目标。

那么，会计管理都需要达到哪些目标呢？下面我们就从四个方面来看一下。

1.向资源提供者（企业老板）反映资源受托管理情况

会计管理主要服务于企业内部的经营管理，这就要要求会计管理首先就要向资源提供者反映资源（这里主要是指企业资金）受托管理情况，这是会计管理目标的首要层次。当然，这里的资源提供者一般情况下指的就是企业老板。通过报表等会计管理方式向企业老板反映企业资源的运用情况是会计管理最基本的目标，而企业老板只有掌握了企业资源运用情况才能更好地进行决策。

2.实现资源的优化配置

除了反映资源受托管理情况之外，实现资源优化配置也是会计管理的一大目标，而且，随着会计管理的不断发展，这一目标愈加凸显且不断得到强化，从而最大限度地促进企业价值链的改进和完善，进而保证企业不断提升自己的竞争优势。会计信息能够为企业的资源优化配置提供很多有价值的可靠参考依据，可以说，会计管理的具体实施也是一个不断优化资源配置，进而维持企业长期竞争力的过程。

3. 提高生产效率、生产经济效果和经济效益

效率和效果是正向的变动关系，如果企业的生产效率提高了，就意味着生产的经济效果更好了，也就促进了经济效益的提高。这正是会计管理的一项重要目标，而且，这一目标与前面讲的"优化资源配置"目标是相辅相成的。资源配置是否真正实现了优化，很大程度上是以企业的生产效率、生产经济效果和经济效益是否获得提高为判断依据的。企业以追求效益为目的，会计管理要围绕"效益"而展开，争取为企业带来更高的经济效益。

4. 会计管理的其他目标

除了上面提到的几点，其实还有其他目标，比如提高成本管理的合理性与科学性、短期经营决策和长期投资决策的效率与效益的最大化、保持企业长期竞争力的稳定性、实现科学合理的绩效评估，以及相关企业投资项目的回报程度等，这些都可以作为企业会计管理的具体目标。

会计管理目标是在一定的客观环境中去实现的，它是会计信息的提供者为满足企业老板的相关决策需求而出现的产物。由于客观环境、信息使用者的不同需求和期望以及会计管理的职能等原因，往往会造成会计管理目标的具体确定和实现出现一定程度的变化，这需要企业老板引起注意，谨慎对待。

以老板的方式管会计：老板管理会计的基本原则

如今，社会主义市场经济的发展可谓是日新月异，会计核算内容也愈加广泛，企业对会计工作的要求也越来越规范，众多因素的影响使得会计管理工作在企业管理中的地位和作用也越来越重要。这就对会计工作提出了更高的要求，相应地，也就对企业的核心决策人——企业老板提出了更多的要求。

企业老板应该积极参与到企业的会计管理工作当中。当然，企业老板的相关工作更多的是如何管理好会计。由于所处立场、角度等不同，企业老板需要以自己的方式管理会计。这就需要企业老板在管理会计方面遵循一些基本原则，加强和完善会计工作，强化会计部门的管理，进而提升会计在企业管理中的基础性地位，充分发挥其应有的作用。

管理会计的基本原则是指在明确管理会计基本假设的基础上，为保证会计详细信息符合一定的质量标准而确定的一系列主要工作规范的统称。企业

老板管理会计有七大基本原则：及时性原则、相关性原则、灵活性原则、真实性原则、长期性原则、重要性原则和预警性原则。

1. 及时性原则

及时性原则是指企业的相关会计环节必须迅速提供和传输会计信息，特别是当企业内外条件出现变化，需要企业老板及时拿出应对措施时，相关会计主管就必须能够适时地报告与战略决策相关的信息，进而满足企业老板战略决策的需要，以免贻误战机，给企业带来不必要的损失。因此，企业老板要将这一"及时性精神"不断强化给自己的部门主管。

如今进入了信息经济时代，大部分企业都建立了一套完整的信息系统，电算化会计信息系统所具有的便捷优势，极大地方便了企业相关数据的搜集和处理；同时也大大缩短了会计人员编制会计业绩报告的时间。在问题发生的当时或当天，会计就能适时地将相关的会计信息以电子文档形式提供给企业主管和老板。

2. 相关性原则

相关信息是指某些对企业决策具有影响或对预期产生的结果有价值的信息。当然，会计信息是否具有相关性取决于接受信息的特定用户及其特定决策：有些信息对某些用户来说是相关的，但对于其他用户来讲则是无关的；有些信息对某些类型的决策是相关的，但对于其他类型的决策则是无关的。企业老板需要从会计提供的相关会计信息中，抓取对相关决策有帮助的信息。

按照美国财务会计准则委员会解释，要想知道一项会计信息是否具有相关性，主要看三个方面，即预测价值、反馈价值和及时性。所以，会计信息要具有决策相关性，就必须具有预测价值和反馈价值。

3.灵活性原则

随着企业内外部环境的不断变化，企业管理的复杂性日益加剧，"随机应变"已经成为众多企业战略管理的核心理念，而会计管理中的各项工作也相应地需要根据内外条件的变化及时地做出调整，进而在动态中寻求最佳平衡点。为了达到这一目标，企业老板必须牢牢把握会计管理的灵活性原则。灵活性原则包括两层含义：一是在会计管理过程中所使用的技术方法和评价指标要灵活多样；二是企业的会计管理系统中的各种策略要能灵活调整（一般是根据企业内外部条件的变化做出相应调整），如投资方向、投资力度和产品开发等。

4.真实性原则

真实性原则是指企业老板要保证会计主管提供给自己的会计信息所反映的内容必须和企业活动的真实情况一致，以此保证相关数据能够真实反映事物或现象的本质。会计作为一门综合性工作，为使其所产生的信息对企业决策有用，就必须能够有效反映企业相关活动的真实情况。要体现真实性原则，首先要保证信息具有客观性，并且可供检验，这是真实反映的前提，一切弄虚作假、营私舞弊等反映失真的会计信息都是与真实性相悖的。

当然，由于企业在经营过程中存在一些非确定性因素，有时候需要进行主观选择和估计，这就难免会产生误差，不过，这种反映一般也被认为是真实的。

5.长期性原则

很多时候，会计管理工作需要企业老板做到超越单一会计期间界限，着眼于企业的长远发展，在复杂多变的激烈竞争中把握企业的未来发展方向，同时不断保持企业的持久竞争优势。因此，老板在管理会计时，对包括预测、决策、控制和评价等的每个环节，都要遵循长期性原则，尽量以企业的长远利益为出发点，来分析、评价企业的各种管理策略。

6. 重要性原则

老板在管理会计时要注重重要性原则。会计信息能帮助老板了解企业经营状况，进而对其做出正确决策提供参考依据，但这并不意味着提供的会计信息越多越好。管理会计信息不是要求面面俱到，不分详略，企业老板要把握那些对企业经营决策有重要影响的相关会计信息，使其全面而真实地反映出重点。如果企业老板对一切信息都"来者不拒"，不分轻重主次和繁简详略，势必耗费过多的人力、物力和财力，增加很多不必要的工作量，甚至严重影响到信息的及时提供。

7. 预警性原则

企业老板要重视会计信息的预警性原则。一般来说，会计信息要能够预测并反映出企业内外部环境的变化对企业在未来发展过程中的制约和影响，以便企业老板能够预先采取应对措施进行防范，保证企业顺利度过危机，从而起到预警的作用。

另外，会计信息还有定量和定性的特征，这就需要企业老板做好监督，保证会计主管能够筛选出各种有效的综合会计信息，进而为自己做出正确决策提供参考。总之，企业老板一定要结合多方面的管理原则对待会计信息，以保证相关决策的准确性。

企业会计机构的建立

　　为了更好地进行会计管理工作，企业有必要建立起自己的会计机构。会计机构是制定和执行会计制度、组织和处理会计工作的职能部门。对于会计工作来说，建立一个健全的会计机构，同时有效协调各职能岗位之间的工作，是保证会计工作正常进行并充分发挥会计管理作用的一个重要保障。

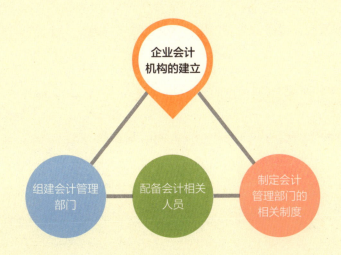

　　为了利于企业科学而合理地组织开展会计工作，保证企业正常的经济核算，在原则上企业应建立自己的会计机构。企业建立会计机构，需要遵循以下几点原则：要与企业经济业务的性质和规模相适应；要与企业的会计工作组织形式相适应；要与企业管理体制和企业组织结构相适应；要与企业其他管理机构相协调；要体现精简高效原则。

　　一般情况下，会计机构的建立包括组建会计管理部门（或财会部门）、配备相应的会计人员、制定相关的财务制度等几项内容。

1. 组建会计管理部门

一般来说，具有一定规模以及财务收支数额较大和会计业务较多的中小型企业都可以单独组建会计管理部门。企业会计管理部门的组建，要有利于企业进行相关管理核算等工作。具体来说，会计管理部门应合理地进行会计监督，有效地进行会计核算，促进企业会计制度和会计政策的制定，便于企业各种计划的制订，并考核计划的执行情况。

此外，一些规模较小、业务和人员比较少的小企业，可以不单独组建会计管理部门，而是将企业的相关会计业务并入企业其他部门，或委托中介代理记账。不单独组建会计管理部门的企业会在有关部门中配备会计人员，并指定会计主管人员。

2. 配备会计相关人员

会计管理部门组建好以后，企业就可以配备专门的会计人员了（当然，实际上很多时候企业是先招聘相关会计人员，会计管理部门的建立其实并不是最迫切的事情）。企业的会计管理部门需要配备的会计相关人员（会计岗位）包括：会计管理部门负责人（会计主管人员）、总会计师、分部会计主管、出纳会计、成本会计、内审会计、会计员等。

对于会计人员的配备，会计管理部门应当根据企业规模和业务量的大小，以及会计机构内岗位设置的要求来进行。一般来说，最为关键的是配备会计主管人员，对于大中型企业来说，还可以配备一名总会计师，以统筹整个单位的会计工作。另外，相关会计人员还要具备相应的从业资格，这是由会计工作较强的专业性决定的。会计从业人员的能力要求，一般体现在对不同层次会计人员的从业资格的认定上。

3.制定会计管理部门的相关制度

正所谓"无规矩不成方圆"，在组建企业会计部门和相关会计人员配备工作完成后，需要建立会计方面的规章制度。企业的内部会计管理制度主要包括内部会计管理体系、会计人员岗位责任制度、内部牵制制度、稽核制度、财产清查制度、财务收支审批制度、账务处理程序制度、定额管理制度、计量验收制度、原始记录管理制度、成本核算制度和财务会计分析制度。

企业在制定会计管理部门的规章制度时一般需要遵循以下原则：

（1）按照国家法律法规要求制定企业会计制度。

（2）体现企业的生产经营和业务管理的特点和要求。

（3）科学合理，便于操作和执行。

（4）全面规范本单位的各项会计工作，建立健全会计基础，保证会计工作的有序进行。

（5）定期检查相关工作的执行情况。

（6）根据管理需要和执行中的问题不断加以完善。

简单来说，企业会计管理部门在制定相关规章制度时，要遵循合法、合理、规范和科学四项基本原则来进行。

总之，企业的会计机构要能够更加方便地帮助企业老板掌握重要会计信息。企业会计管理的系统化、科学化，对企业的经营管理有着重要意义。随着企业规模的日益扩大，建立专门的会计机构是必然之事。

老板经常遇到的会计难题

　　在企业的经营管理中，企业老板会遇到很多问题或难题，其中也包含着会计管理工作中那些令人皱眉的难题。一般情况下，老板在会计管理中经常会遇到以下四个方面的会计难题：金融工具会计、企业合并与合并财务报表、外币交易和外币报表的折算、物价变动与财务报告。

　　那么，企业老板在遇到这些难题后该如何应对呢？下面我们来分别介绍一下。

1.金融工具会计

　　一般来讲，会计工作中要解决的问题包括三个方面的内容：会计确认、会计计量和会计披露。通过对照，其实企业也可以将金融工具会计所涉及的问题归纳为三个方面：金融工具确认、金融工具计量和金融工具披露。

因此，问题在经过分类后就能够相应地得到解决。企业老板这时候便可以通过把握金融工具会计的内容，运用金融工具会计的相关准则来解决问题；同时在企业会计管理的总体框架中，老板还可以对各个"分"问题做细致的了解。

2. 企业合并与合并财务报表

企业合并是指企业为了达到某种经营目的，通过一定的方式控制和操纵其他企业生产经营活动的行为。合并方式包括兼并、控股等。合并对于企业来说是一项重大举措。合并后产生的一系列繁杂问题，非常容易成为会计管理中的难题。一般情况下，企业老板会将企业合并的方式分为吸收合并、创立合并和控股合并三种形式，进而对相应的会计难题进行分类处理。

合并财务报表是在以母公司为核心的基础上，将整个企业集团看作一个经济实体，以组成企业集团的母公司和子公司的典型会计报表作为基础进行编制。合并财务报表综合反映了企业的财务状况和经营成果。对企业老板来说，其难点在于：需要他具备一定的会计知识，并全面、准确地读懂其中反映出来的重要信息。

企业合并与合并财务报表存在一定的联系，不过，两者并没有必然关系。企业合并可能会导致合并财务报表，但是，并不是所有企业合并都需要编制合并财务报表。企业只有在控股合并的情况下，才需要编制合并财务报表。所以，企业老板在需要使用合并财务报表时，可以要求合并企业或者相关人员提供合并企业的财务报表或分部报告，以便于准确评估合并企业真实的财务状况和经营业绩。

3.外币交易和外币报表的折算

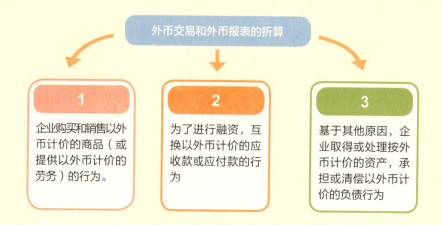

外币交易是指以外币的形式进行计价或者结算的交易，它包括以外币计价的商品或者劳务的买入和卖出、外币资金的借入和借出以及其他以外币计价或者结算的交易。为了避免外币交易的复杂性造成的困扰，企业老板在相应的会计管理工作中可以按外币交易的形式进行处理。

（1）企业购买和销售以外币计价的商品（或提供以外币计价的劳务）的行为。

（2）为了进行融资，互换以外币计价的应收款或应付款的行为。

（3）基于其他原因，企业取得或处理按外币计价的资产，承担或清偿以外币计价的负债行为。

外币报表折算是指企业为了某种商业目的将以某一货币表示的财务报表转换为用另一种货币表述。通常来说，外币报表折算改变的只是表述的货币单位，报表项目之间的关系并没有因此改变。

外币报表折算问题的难点在于汇率的变动。如果汇率固定不变，外币报表的折算便是一件轻而易举的事情了。因此，在看待外币报表折算问题时，企业老板首先要明确折算是选择何种汇率进行的。而且，企业老板要知道，相关会计人员在实际进行报表折算时，所有报表项目的折算并非采用同一种折算汇率，而往往是不同的报表项目选择不同的汇率进行折算。

4.物价变动与财务报告

物价变动是指商品或劳务在同一市场上的价格变化。物价是商品或劳务在市场上的交换价格，包括输入价格和输出价格。输入价格是企业为生产或销售产品而付出的价格。输出价格则是商品在销售时的价格。企业按一种输入价格购进一项商品，然后再按较高的输出价格销售给客户。当然，这并不意味着该项商品的价格发生了变化，只有当产品的输入价格或输出价格同时出现增高或降低的情况时，才是发生了物价变动。

物价变动对会计信息的影响包括资产计价失真、利润确定失实、信息的可理解性减弱以及企业在生产能力下降等。为了消除物价变动给企业经营带来的影响，企业老板可以采取以下对策：存货流动计价依照后进先出法；按经济寿命计算的加速折旧法，实行物价变动补偿基金。此外，物价变动会计模式有一般物价水平会计、现行成本会计和重置成本会计。

财务报告包括资产负债表、利润表、现金流量表、所有者权益变动表、附表及会计报表附注和财务情况说明书。财务报告真实反映了企业的财务状况和经营成果。为了能够更加明晰地读懂财务报告中的会计报表，企业老板可以对其进行分类审查，比如按会计报表反映的经济内容分类、按会计报表的报送对象分类、按会计报表的编制单位分类和按会计报表的编制时间分类。

以上是企业老板经常遇到的一些会计难题，除此之外，在会计管理中，企业老板还会遇到其他很多问题。总之，企业老板只需要抓住相关问题的产生规律，便可迎刃而解。

会计核算：左手凭证，右手账簿

在会计管理工作中，核心内容便是会计核算了。在会计核算工作中，凭证和账簿是两个主要工具，它们反映了会计信息的整个生产过程，可谓记录会计信息的最重要载体。为了能够更好地进行会计管理的相关决策，企业老板有必要了解一下会计核算方面的内容，下面我们分别来介绍一下用于会计核算的凭证和账簿。

1. 会计凭证

凭证是记录经济业务、明确经济责任、具有法律效力和作为记账依据的书面证明。

（1）会计凭证的意义

会计凭证能够记录经济业务的发生和完成情况，为会计核算提供原始依据；能够明确经济责任，为落实岗位责任制提供重要文件；能够检验经济业务的真实性、合法性和合理性，为会计监督提供重要依据；能够反映相关经济利益关系，为维护合法权益提供法律证据。

（2）会计凭证的作用

会计凭证能够记录经济业务，传递经济信息并保证其真实性和正确性；能够为登记账簿提供合理、合法的记账依据；能够加强经济责任制；能够实行会计监督，控制经济活动。

（3）会计凭证的分类

会计凭证按其填制程序和用途进行分类，一般可以分为原始凭证和记账凭证两种。这是最基本的分类。

①原始凭证

原始凭证又叫单据，它一般在经济业务发生或完成时取得和填制，是进行会计核算的原始资料和依据。原始凭证对企业经济业务的具体内容和完成情况做出具体说明，同时也为明确业务经办人员责任提供了书面证明。

原始凭证的基本内容包括：原始凭证名称、接受原始凭证单位名称、经济业务内容、填制单位签章、有关人员签章、凭证附件和填制原始凭证的日期。原始凭证在填制时要做到：内容完整，记录真实，书写清楚规范，手续完备，编号要连续，填制要及时和不得涂改（刮擦或挖补）。

另外，对于原始凭证的审核，需要注意以下几点：审核原始凭证的合理性；审核原始凭证的合法性和真实性；审核原始凭证的正确性和审核原始凭证的完整性。

②记账凭证

记账凭证也叫记账凭单，是会计人员根据审核无误的原始凭证或原始凭证汇总表制作的一种会计明细。记账凭证按账簿登记的要求进行归类整理，通过复式记账的方法进行填制，主要用于确定会计分录，并最终作为登记账簿的直接依据。

原始凭证是记账凭证的基础；记账凭证是根据原始凭证编制而成的。在实际操作中，原始凭证经常被要求附在记账凭证的后面，作为记账凭证的附件，而且，记账凭证是从记账角度对原始凭证内容进行概括、分类和说明的。

2. 会计账簿

会计账簿是以会计凭证为依据，对各项经济业务进行全面、连续、系统地分类记录以及核算的账目文件。它是由特定的格式和以一定形式连接在一起的账页所组成的。会计账簿和账户是形式和内容的关系，账簿中的每一页都是账户的存在形式和载体，体现了账户的具体信息。

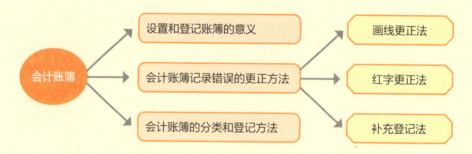

（1）设置和登记账簿的意义

会计账簿能够为企业编制会计报表提供数据资料；能够为会计检查和会计分析提供依据，为相关人员检查和核对企业财产物资情况提供便利；能够系统、完整地归纳和累积会计核算资料，进而反映企业的经营管理情况；有利于加强经济责任制；作为经济档案的重要组成部分，能够成为重要的档案内容。

（2）会计账簿的分类和登记方法

会计账簿分为普通日记账、特种日记账和转账日记账等。普通日记账要依据时间顺序逐日逐笔登记；特种日记账要在具备大量发生和重复多次的经济业务的基础上才能设立；转账日记账要按时间顺序逐日逐笔登记，而且，如果企业的转账业务不多便可不设。

（3）会计账簿记录错误的更正方法

会计账簿记录错误的更正方法包括画线更正法、红字更正法和补充登记法。

①画线更正法

画线更正法适用于会计账簿在结账以前账簿记录中出现的文字错误或者数字笔误，这属于过账错误。

②红字更正法

红字更正法所适用的错误更正包括两种：一是记账后发现凭证的科目或记账方向出现了错误；二是记账后发现凭证的金额有错误（一般情况下，凭证所计金额大于应计金额）。这两种情况都需要填写新的凭证。

③补充登记法

补充登记法适用于记账后发现的凭证金额错误（一般情况下，凭证所记金额小于应记金额），它和红字更正法的错误正好相反。

企业老板要想科学地管理会计，就必须进行科学的经济核算，而经济核算的核心内容便是会计核算。随着生产社会化程度的不断提高，劳动分工和协作更细更复杂，而企业各个部门以及生产经营各个环节之间的联系也更为广泛。在这种情况下，会计核算便能够发挥关键作用。通过凭证和账簿的运用，企业的会计人员能够及时、准确和完整地向会计主管提供各种相关数据和资料，进而为企业老板提供决策依据，对市场走向做出科学预测，促进企业经济的综合平衡与发展。

会计监督：相信事实，而不是臆测

在企业的会计管理工作中，还有一项重要的会计监督内容。会计监督是企业的会计机构和会计人员依照相关法律规定，运用会计手段对企业经济活动的合法性、合理性和有效性进行监督。狭义的会计监督是指会计人员根据相关法律法规，利用会计信息，对企业的经济活动进行全面监督和控制，使其达到预期目标，它是会计的基本职能之一，同时也是企业内部会计监督的一部分。不过，这里我们所说的是广义上的会计监督，其内容既包括内部监督又包括外部监督。内部监督由企业会计机构和会计人员执行；外部监督则由社会相关监督机构执行。会计监督按企业相关经济行为发生的时间顺序可分为事前监督、事中监督和事后监督。

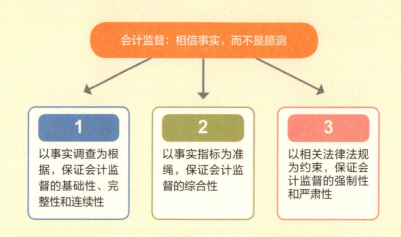

会计监督：相信事实，而不是臆测

1 以事实调查为根据，保证会计监督的基础性、完整性和连续性

2 以事实指标为准绳，保证会计监督的综合性

3 以相关法律法规为约束，保证会计监督的强制性和严肃性

对于会计监督环节，最为重要的一点就是企业的相关会计人员要一切以事实为根据；企业老板在会计监督管理中要相信事实，千万不能凭空臆测，

以免做出错误判断和决策，导致会计管理工作出现更大的错误和问题。针对这一点，下面我们从会计监督的三大特点来分别对其进行说明。

1. 以事实调查为根据，保证会计监督的基础性、完整性和连续性

会计监督是与会计核算同时进行的。在此基础上进行的会计监督工作必须要以事实为依据，确保会计监督具有基础性、完整性和连续性。会计监督贯穿于企业经济活动的整个过程，依据事实进行一定调查，而非单纯依靠账目信息等书面文件进行凭空臆测。这不但能够反映企业经营过程中的各种经济行为，同时还能审查这些经济行为是否真正符合法律、制度、规定和计划。对此，企业老板应当严守事实调查的会计监督方针，全面、完整地监督企业的每一项经济行为。

2. 以事实指标为准绳，保证会计监督的综合性

会计监督往往需要利用各种价值指标，主要以财务活动为主，因此具有一定的综合性。会计主要使用货币度量，并利用资产、负债、所有者权益、收入、费用和利润等指标，来综合反映企业经济行为的过程和结果，并最终利用这些指标对企业的相关经济行为进行总体的监督。因此，企业老板在会计监督方面一定要把握各种价值指标的参考作用和标准，而不是单纯地依据表面文字和数据进行会计监督工作。

3. 以相关法律法规为约束，保证会计监督的强制性和严肃性

会计监督是借助国家的财经法规和财经纪律所赋予的权力进行的，因此，会计监督工作过程中，企业务必以国家的财经法规和财经纪律为约束，以此保证监督工作的强制性和严肃性。《会计法》不仅赋予企业的会计人员实行监督的权力，同时还规定企业必须如实提供会计凭证、会计账簿、财务

会计报告以及其他会计资料，严禁在缺少相关会计文件及信息的情况下，凭空想象和臆测，对监督工作简单化处理。企业的会计监督工作一旦出现拒绝、隐匿、谎报等情况，就构成了违法行为，必须承担相关法律责任，因此，这是企业老板需要重视的最关键内容。

随着企业经营规模的日渐扩大，企业的会计监督职能越来越重要。事实上，企业的会计核算和会计监督是相辅相成的。一般来说，会计核算是会计监督的基础；而会计监督则是会计核算的保证。会计监督是会计管理的后续保障工作，也是加强企业管理、加强企业法规制度建设、促进企业经济有序运行和健康发展以及提高企业经济效益的多重需要。因此，在会计管理工作中，企业老板务必严把会计监督这一关。

老板要注意的会计管理细节

　　在企业的会计管理中，常常会出现一些或大或小的问题，这些细节问题往往会给企业老板的相关决策带来不便和麻烦。为了避免由于会计相关问题而导致错误决策，企业老板要重视会计管理的相关细节问题。

　　一般来讲，企业或者部门由于制度和管理等各方面原因，在会计管理尤其是在财务核算方面，普遍存在着不规范现象。这些不规范现象正是各种细节问题产生的源头。企业老板只要认真对待这些不规范现象，就能够更好地处理会计管理的相关细节问题。

1.账务处理不规范

　　账务处理不规范属于会计管理中的常见细节问题。很多时候，由于企业会计管理部门没有规范处理账务方面的文件，导致企业出现危机。比如，由于账务处理不规范，企业已经实现的销售收入不做销售收入入账，导致账面与实际不符。

2.会计科目使用不正确

会计科目使用错误是会计管理工作中的突出细节问题，这容易使会计管理工作陷入一团乱麻的状况。比如，在面对相关收入时，会计管理人员使用不同会计科目进行核算，造成会计管理工作混乱，这是很严重的问题，需要引起企业老板的重视。

3.个别记账凭证未附任何原始单据

原始单据是记账凭证的组成部分，对企业老板进行决策具有参考价值，附在记账凭证后有一定的必要性。不过，很多企业的会计人员往往会忽视在记账凭证中附带相关单据，这个细节同样需要引起老板的注意。

4.发票经济业务内容与实际不相符

发票问题是企业会计管理工作的一项重要内容，在发票问题上，同样存在一些需要老板注意的细节问题。很多时候发票所填内容和实际情况并不相符，比如，发票内容为购置电脑，经实际调查却为现金补助。

5.存在坐支情况

会计管理中的坐支情况，是指企业或者相关部门直接用经营的收入现金支付业务支出，而不是从企业库存现金限额或者开户银行中进行支付。比如，会计信息显示，某部门收取销售现金收入没有送存银行，而是直接用于支付企业的办公费用等。

6. 手续不健全

很多企业的会计凭证等相关文件存在手续不健全的问题，比如部分资产购置未办理相关的采购审批手续。为了企业经营规范，企业老板务必注意这一点。

综上所述，会计所服务的对象不是会计专业人员，会计存在的意义不仅仅在于通过控制与监督使会计部门有限地参与管理，更多时候是要为企业相关管理服务的。而企业相关主管并非都对会计专业知识了然于心，这就要求会计信息要做到全面、真实、及时与可比，保证查看者尤其是企业老板能够读懂，而会计管理中的细节往往是造成一系列理解问题的关键所在。对此，企业老板务必要重视会计管理的相关细节问题，做好督导和批示工作，保证会计更好地为企业管理服务，发挥更大的潜能，同时也使企业老板能够更方便地读取会计信息，并利用信息进行决策。

总之，企业应当严格按照新会计制度和财务规则规范会计行为，加强企业的会计管理工作，使之系统化、成熟化，进而确保会计信息的真实、准确和完整，保证会计行为的合法合规。而这一切都需要从细节做起，企业老板须认真对待。

第二章

资产管理：有形资产的无形战略

资产管理是企业管理尤其是会计管理工作的核心部分，无论是有形资产还是无形资产，企业老板都需要对其相关情况了然于胸，以便对资产进行战略规划和相关决策。只有这样，才能成就一家成功企业。

在"放手"之前，老板要对自己的资产心中有数

对于企业来说，资产是企业拥有或者控制的能够以货币计量的经济资源。企业资产包括很多方面，如各种企业财产、债权以及其他企业权利。根据其形态分类，资产可以分为有形资产和无形资产。其中，货币就属于有形资产，而其他一些无实物形态的非货币资产则属于无形资产。按照其流动性分类，企业资产可分为流动资产和非流动资产。流动资产主要包括货币资金、短期投资等；非流动资产也称为长期资产，包括固定资产、长期投资、无形资产以及其他资产。

企业的资产管理工作可谓是纷繁复杂，企业老板不可能事必躬亲、面面俱到。很多管理工作是交由下级主管去执行的，而企业老板则是起一个宏观的决策领导作用。不过，对于企业老板来说，资产管理就是掌握并运用企业资产的过程，同时也是了解企业家底的过程。因此，企业老板在将自己手中的权力"放手"给其他人之前，必须对自身企业的资产做到心中有数。企业老板对企业资产进行评估有以下三个层面的意义。

1. 资产管理的需要

（1）摸清家底，完善企业资产管理

评估企业资产进而形成财务报告是企业资产管理的核心工作。首先企业老板要对企业的资产和价值非常了解，避免资产管理工作出现盲点。只有在充分掌握企业资产的真实价值，摸清家底后，企业老板才能变被动管理为主动管理，使之规范化。在完善企业资产管理的同时，保证企业资产的完整性。

（2）提供管理信息和决策依据

企业的资产价值是企业资产培育、发展情况的实质体现，它能够反映企业的诸多经营状况，比如企业资源的利用状况及利用效率、企业的赢利能力、企业的创新能力、企业管理水平的高低以及企业可持续发展的潜力等。

评估企业资产的过程，就是整体清查企业资产的过程。其重点在于发现企业在资产管理以及经营过程中的各个方面所存在的问题和不足，同时提出合理的解决办法或建议。这有利于企业老板形成明晰的资产投资方向，果断做出明智决策，以便对企业资源进行合理分配，同时减少投资过程中的浪费。

2. 资本运作的需要

（1）资产交易的需要

在转让、拍卖、许可使用等情况下评估无形资产价值，为交易双方提供相对客观、公正的价值依据。

（2）经济谈判的需要

企业资产包括企业的机器设备、厂房、硬件设施等有形资产。但是，在企业与其他企业进行合资合作时，往往采用企业的技术、商标、资源等这些无形资产来合资合作。即便是企业不需要以无形资产作价入股，这些无形资产在经过评估量化后，在一些经济谈判中，同样能够为企业增加谈判砝码，使企业的谈判实力和信心进一步得到提升，最终让企业在经济谈判中更有话语权。

3.品牌建设的需要

（1）扩大企业影响，展示企业发展实力

目前，企业形象问题越来越受到企业的重视，尤其是在企业逐步走向国际化的道路上，企业品牌早已成为关键的通行证。因此，准确评估和宣传企业商标、品牌等资产，不仅能够充分展示企业的发展实力，同时还能够进一步强化企业形象。

（2）激励和教育员工，增强企业凝聚力

品牌营销，就是口碑营销，企业在进行资产评估后，如果能够根据评估信息对企业实力进行口碑营销，就能够向外界传达出企业品牌的健康状态和发展趋势。而且，在传播企业实力的过程中，还能提升企业员工的忠诚度和积极性，增强企业凝聚力。

此外，对企业资产进行评估，也是企业上市工作的需要。总之，为了做好资产管理，并且更加合理和有效地经营企业，使企业持续而健康地发展，企业老板完全有必要对企业资产进行准确评估。

资产管理都包括哪些方面

企业资产主要包括有形资产和无形资产两大部分，对这些资产的会计核算等相关工作也是企业会计管理的一项重要内容。

企业老板要想做好资产管理，首先需要了解企业的资产管理工作都涉及哪些方面。通常情况下，企业的资产管理应该包括流动资产管理、固定资产管理和无形资产管理。

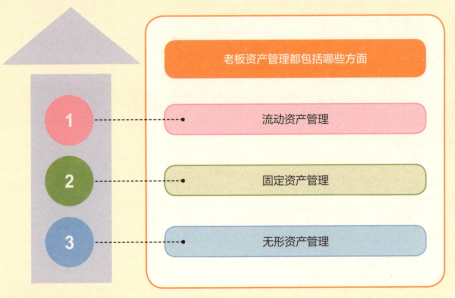

老板资产管理都包括哪些方面

1　流动资产管理

2　固定资产管理

3　无形资产管理

1. 流动资产管理

流动资产是指在一年内或一年以上的一个营业周期内变现或运用的资产。流动资产管理主要包括现金管理、应收款项管理和库存管理。流动资产具有三大特点：流动资产价值是一次性进行消耗、转移或实现的；流动资产流动性大，形态不断变化；流动资产占用资金数量具有一定的波动性。

　　企业想要管好、用好流动资产，必须达到三个要求：保证流动资产的需要量，使生产经营活动得以正常进行；尽量控制流动资产的占用量，切忌占用过多，导致资金成本不断增加，影响企业的经济效益；加速流动资金的周转，周转越快，占用资金越少，企业经济效益也就越好。

　　流动资产管理的主要内容包括资金管理、应收账款管理和库存管理三部分。

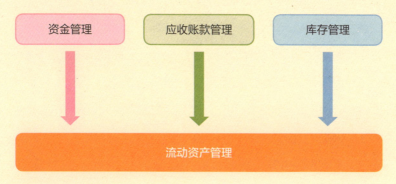

（1）资金管理

　　资金管理是指对企业在生产经营活动中停留在货币形态的应用资金进行管理。企业要想做好这一管理，需要做好现金管理工作，严格按照国家规定的现金管理条例进行；同时，搞好转账结算，维护企业自身利益。

（2）应收账款管理

　　企业老板要做好应收账款的计划，具体内容包括核定应收账款成本、编制账龄分析课，以及预计坏账损失，计算坏账准备金等。

（3）库存管理

　　库存是指企业为销售或生产中耗用而储备的物资，包括原材料、外购件、在制品、产成品等。为使企业的经济效益不受影响，企业的库存也不能占用大量资金进行超额储备。因此，企业需要编制好库存计划，为合理安排储备资金提供真实、可靠的依据，同时加强对库存产品的控制，以最小的存货投资获得最大的利润。

2. 固定资产管理

固定资产是指企业为生产产品、提供劳务、出租或者经营管理而持有的价值达到一定标准的非货币性资产（一般情况下，其使用时间都在一年以上）。固定资产包括房屋、建筑物、机器、机械、运输工具以及其他与企业的生产经营活动密切相关的设备、器具、工具等。

固定资产的替换体现在物质方面，补偿体现在价值方面，也就是固定资产的更新。固定资产的价值是在其本身的磨损过程中逐渐转移到新产品中去的，其磨损形式可以分为有形磨损和无形磨损两种情况。在日常使用过程中，固定资产因损耗而转移到产品中去的那部分价值的补偿叫作固定资产的折旧，折旧的计算方法主要包括工作量法、平均年限法、年限总和法等。

3. 无形资产管理

无形资产属于企业的一种非货币性资产，它是无一定形态且不具有实体的。当然，这并不是说无形资产就脱离了企业的控制，它同样是企业实际拥有的一种可辨认资产。对于无形资产管理，企业老板要注重无形资产计量和无形资产运营这两方面的工作。

（1）无形资产计量

无形资产计量是指确定无形资产的账面价值，这是无形资产管理工作的基础部分。企业老板应当对无形资产进行全面而综合性的计量，进而保证无形资产计量工作的规范性。计量无形资产要考量很多方面的因素，比如无形资产存在过程中涉及的支付价款、税费、成本研发费用，以及使无形资产达到预定用途的过程中所产生的其他费用。

（2）无形资产运营

无形资产运营是指企业通过对无形资产进行运筹、谋划、动作，最终促使无形资产实现增值。虽然企业的有形资产是企业的经营重心，不过，借助营运，无形资产也是可以实现价值增值的，因此，企业老板务必要重视无形资产的运营工作。在企业进行无形资产的运营时，可以选择交易式运营、融资式营运等；在运营策略上，则可以选择开发策略、延伸策略、融资策略、扩张策略和分配策略等。

总之，对于企业的资产管理工作，只要企业老板抓住了企业流动资产管理、固定资产管理和无形资产管理这三部分的重心，企业的资产管理便能够合理而有序地进行。同时，对于在企业经营过程中所涉及的各项资产使用情况，企业老板也要做到心中有数，以保证企业的经营和发展稳步向前。

现金管理：企业的经济命脉

在企业的资产管理中，现金管理是重要的基础部分。企业的现金指的是立即可以投入流通的交换媒介。它具有普遍的可接受性，能够有效地立即用来购买产品（或原料）、货物、劳务或偿还债务。现金管理是企业发展的经济命脉。一般来说，企业的现金更多指的是现金流量。

现金流量多指在一段时间内企业现金流入和流出的数量。在商品售出、提供劳务、出售固定资产和向银行申请贷款的时候都会取得现金，进而形成现金的流入。企业为了生存、发展和壮大需要各方面资金的投入，购买产品原材料、向员工支付工资、构建固定资产、对外投资和偿还债务等企业活动都会促使企业现金的大量流出。对于这些业务的支出，如果企业手头上比较"拮据"，无法拿出足够的现金流量进行应付，企业就得筹资，这样也会导致现金的流入。

现实生活中很多企业会面临资金管理的问题。比如，在企业账面上，虽然有些企业看上去让人感觉盈利颇丰，却往往由于现金流量不够充沛而纷纷面临倒闭的窘境；也有的企业虽然在很长一段时间内处于亏损状态，不过，这些企业却能够凭借企业自身所拥有的现金流量顽强地生存下来。因此，企业能够实现持续的发展经营，凭借的并不是高利润，而是依靠良好而充足的现金流量。

传统意义上的现金管理所涉及的内容主要是企业资金的流入流出。不过，从广义的角度出发，现金管理所涉及的范围更为广泛，通常包括企业账户及交易管理、流动性管理、投资管理、融资管理和风险管理等。作为企业的经济命脉，现金管理可以从现金流量的规划和现金流量的控制两方面来讲。

1.企业现金流量的规划

企业现金流量的规划主要是运用现金预算的手段，并结合企业以往的经验，来确定一个较为合理的现金预算额度和最佳现金持有量。如果企业能够对现金流量做出精确的预测，就能够保证其有一个充足的流动性。根据时间的长短，企业的现金流量预测可以分为短期、中期和长期预测。通常情况下，现金流量的预测期限越长，其准确性就会越差。对于现金流量的预测，需要在对企业的整体发展战略和实际要求有一个整体了解的基础上进行。同时，企业（尤其是企业老板）还可以以现金流入和流出这两方面作为出发点，来推断出一个合理的现金存量。

2.企业现金流量的控制

企业现金流量的控制需要在正确规划的基础上展开，其主要内容包括企业现金流量的集中控制和收付款的控制等。企业老板务必要做好现金的集中管理工作，这将有利于企业老板对企业资金的流入和流出等整体情况有一个清晰的了解，进而在更广的范围内迅速而有效地控制这部分现金流量，促使这些现金的保存和运用达到最佳状态。

如今，"现金为王"早已成为众多企业资金管理的核心理念。在企业的资产管理工作中，企业的现金流量管理水平高低往往是决定企业存亡的关键所在。目前，市场竞争日益激烈，身处其中的企业必将面临更加复杂多变的生存环境。在这种情况下，企业通过提升企业现金流量的管理水平，能够实现对企业的营运发展风险的合理评估和控制。同时，企业整体资金的利用效率也将得到相应的提升，最终促使企业的自身发展速度进一步加快。

应收账款：别人欠你多少

在企业的资产中，应收账款算是重要的资产组成部分。应收账款是企业在经营过程中，因销售商品、材料或提供劳务等，应向购货单位或者接受劳务单位收取的款项，包括应由购买单位或者接受劳务单位承担的税金、代购垫付的各种运杂费等。应收账款作为企业资产管理工作中的一项重要内容，需要企业老板密切关注。

应收账款是伴随企业的销售行为发生而形成的一项债权，所以，应收账款的确认与收入的确认是密切相关的。一般情况下，企业会计人员在确认收入的同时，会确认应收账款。由于应收账款是企业在销售过程中被购买对象所占用的资金，是别人欠企业的资金。所以，企业应当及时收回应收账款来弥补企业在生产经营过程中的各种消耗和投入，进而保证企业的经营正常和持续经营。

对于企业的不同应收账款，企业老板应当做出不同的应对措施：对于被拖欠的应收账款应采取积极措施，组织相关人员上门催收；对于那些确实无法收回的应收账款，凡符合坏账条件的，则应当在取得有关证明并按规定程序进行报批后做出坏账损失处理。对此，企业尤其是会计部门应当有一个系统的应收账款日常管理机制。

1. 设置应收账款明细分类账

为了加强企业在应收账款方面的管理工作，企业的会计部门应当在总分类账的基础上，按客户的名称来设置明细分类账，对企业与各位客户的往来情况进行详细、序时的记载。

对于企业老板来说，会计的最大用途在于能够向自己提供有助于决策的信息，而应收账款明细分类账在应收账款的管理上正是充当了这一角色。不过，企业老板最终做出的决策是否正确，还取决于相关会计信息的相关性、可靠性、及时性和完整性等特征。因此，在应收账款明细分类账的设置与登记方面，企业需要注意以下几点。

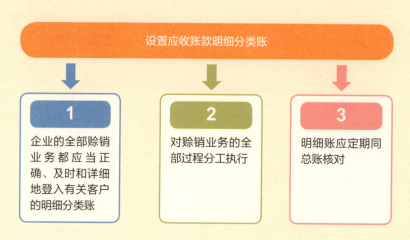

（1）企业的全部赊销业务都应当正确、及时和详细地登入有关客户的明细分类账

对每个客户的赊欠情况做出详细说明和反映，同时，可以根据需要设置

销货特种日记账进一步反映赊销情况。

（2）对赊销业务的全部过程分工执行

工作内容包括登记明细账、填制赊欠客户的赊欠账单、向赊欠客户交送或邮寄账单以及处理客户收入的现金等，这些工作都应分派专人进行负责。

（3）明细账应定期同总账核对

影响应收账款收回金额的因素通常包括销售折扣中的现金折扣、销货运费归谁负担和销货退回与折让等。这些影响因素都应在应收账款明细账与销货日记账中详细记录。企业会计人员以及企业老板掌握这些情况，不仅有利于维护应收账款的完整性，而且还有利于企业控制生产经营、提高产品质量、改善企业的生存环境等。

2.设置专门的赊销和征信部门

应收账款收回数额的多少和时间长短取决于客户的信用。坏账会为企业造成损失，收账期过长将会削弱应收账款的流动性。对此，企业有必要设置相应的赊销和征信部门，专门用来监督客户的信用状况，并与对企业进行信用评级的征信机构保持良好沟通，随时取得相关信息，以此对那些要求赊购客户的信用状况及其付款能力做出评估和确定。在应收账款管理工作中，企业的赊销和征信部门的相应职能包括以下几点。

（1）对客户的信用状况进行评级

依据收集的信息资料，按照信用评级标准的要求对赊购客户的信用状况进行评级。

（2）批准赊销的对象及规模

若是未经批准，企业的其他部门和相关人员一般无权同意赊销。

（3）负责及时催收赊销账款，加速资金周转

依据相关法律，如果催收时间过长则意味着对债权的放弃，因此，一般情况下，对于账款的催收期限不能间隔太长。

对于赊销和征信部门在客户信用状况方面做出的评级，除了从对企业进行信用评级的征信机构获取信息外，另一个重要的信息来源是明细账和销货日记簿。对于这两本账簿的分析，账龄分析法是采用最多的一个重要方法，因为随着账龄的增加，应收账款账户余额最终实现收款的前景就越暗淡；同时，这也正是很多企业采取销货折扣方式的重要原因。

3. 实行严格的坏账核销制度

应收账款是由于赊销而存在的，所以，应收账款在产生之初就隐藏着可能收不回来的风险，也就是发生坏账的风险。毫不夸张地说，坏账正是赊销的必然结果。对于整个赊销而言，企业可以将个别坏账视为赊销费用。为了尽可能地将企业的损失降到最低，根据配比原则，企业产生的坏账需要和收益进行配比，之后从收益中扣除。将企业的实有财产进行相应的列示，同时对于所有者的权益和收益不做虚夸，这是谨慎性原则的要求。

对于企业处理坏账的方法，有直接核销法和备抵法两种。相对于直接核销法，备抵法更符合配比原则与谨慎性原则，被众多企业所采用。实行严格的坏账核销制度，主要包括以下三个方面的内容。

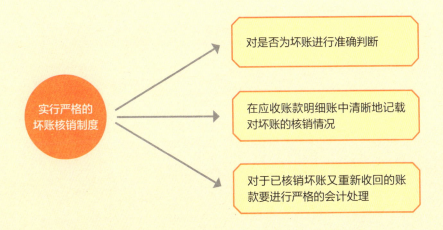

（1）对是否为坏账进行准确判断

对于坏账的核销工作至少要经过两人之手，这样可以大大降低舞弊的可能性。比如，某一销售员将已收回的应收账款窃为己有，却向上级申报为坏账。当然，对坏账的确认做出准确判断并非一件容易的事情。

（2）在应收账款明细账中清晰地记载对坏账的核销情况

对于已核销的坏账，同样需要进行专门管理。只要债务人没有出现死亡、破产等事故，企业就不要放弃，同时还要为以后的核对及审查留下信息。

（3）对于已核销坏账又重新收回的账款要进行严格的会计处理

具体来说，首先要做好转销坏账和应收账款的会计分录，然后再进行后续的收款会计处理。这样做有利于企业的相关管理人员更加有效地掌握客户信息。

总之，应收账款作为资产管理的一项重要内容，是企业发展经营的经济源动力之一，企业老板应当履行好自己的监督职责。

库存：你最不想要的资产

在企业的资产管理中，库存是企业老板面临的一项主要内容。企业的库存就是企业仓库中实际储存的货物。从整体来看，企业库存可以分两类：一类是生产库存，也就是在企业生产过程中直接消耗的材料和物资等存货。生产库存的存在是为了保证企业生产消耗所需的物资能够源源不断地供应给生产线。另一类是流通库存，即处在流通过程中准备用于批发、零售等销售的库存，主要包括生产企业的成品库存、流通企业的批发库存和零售库存等。

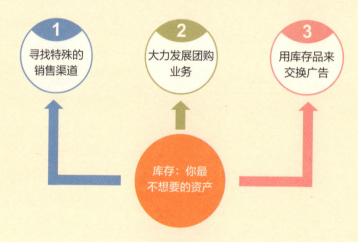

其实企业库存就是指在企业经营管理中，一切当前闲置的、用于未来经营发展所用的具备一定经济价值的企业资源。库存的作用在于：保证企业生产的连续性，防止生产中断；节省订货费用，防止资源短缺。不过，库存也具有自身的弊端：占用大量资金，产生一定的库存成本，同时还容易导致企业在生产经营中所存在的一些问题被隐藏起来。因此，从这个角度来讲，企业库存可以说是企业所有资产中老板最不想要的资产了。

由于企业性质不同，对于库存管理，不同企业老板在认识上也存在不同。一般而言，企业持有一定的库存，对于企业生产经营具有积极作用，有利于企业的生产正常、连续而稳定地进行，保质、保量地满足客户需求；而且，库存还能够起到巩固市场占有率，维护企业声誉的作用。不过，库存管理的最佳状态是保持合适的库存量，既不能过度积压也不能短缺，这就要对库存进行管理和控制，使其保持在经济合理的水平。

如果控制库存不力，库存就可能出现不足或过剩的问题。库存不足的话，企业容易错过送货，使顾客不满意，失去销售额，造成生产力瓶颈等现象；而库存过剩的话，则可能占用过多的资源，这些资源如果能够用在其他地方，则可能会为企业带来更大效益。而且，如果库存过剩问题过于严重，将会造成非常惊人的成本问题。因而，库存过多就需要想办法及时处理，企业老板可以参考以下几种方案。

1. 寻找特殊的销售渠道

如果企业的库存积压是由于现有的销售渠道不够用，这时候企业就可以考虑针对目标消费群体，寻找其他形式的销售渠道。市场上存在一些专业收购库存产品的企业或公司，它们会设置专业的卖场来销售库存品，企业可考虑与之进行合作。

2. 大力发展团购业务

团购是很多企业处理库存的一大有效途径，尤其是在节假日期间，很多企业尤其是服务行业都会将有一定共性的产品组织团购。特别是一些规模较大的服装经销商，他们凭借自己在当地所拥有的人脉关系开展团购业务。由于服装是生活必需品，所以团购市场是比较庞大的。团购方式能产生批量销售，大大有利于企业清理库存。

3. 用库存品来交换广告

企业为了品牌建设，很多时候会投入大量的资金用于广告宣传。毫无疑问，广告能够为企业带来一定的品牌经济效益。其实，企业在广告操作过程中，完全可以利用企业积存的货品进行充抵。

很多广告公司为了能够在价格上获取一定优势，往往会买断一些媒体时段，然后再进行转手。不过，当有些媒体时段没有及时转手时，广告公司为了收回自己的经营成本会同意企业用一些企业的库存产品来冲抵广告费，比如，广告公司把从企业手中获取的产品作为公关礼品或者公司的福利发放。其实，不光是广告公司如此，一些媒体有时也会将一些多余的广告时段来换取实用的产品，这对于某些企业来讲，绝对是处理积压库存的最佳方式。

总之，库存是企业老板最不想要的资产了，在面对过剩的存货时，企业老板需要积极运用各种手段对企业库存进行及时处理，避免日积月累，为企业带来不利后果。

固定资产管理：留下来的都是资产

　　固定资产可以说是企业资产的一个重要组成部分，它是指企业为生产产品、提供劳务、出租以及经营管理而持有的使用时间超过一年或一年以上且具有一定标准价值的非货币性资产。它包括建筑物（如房屋）、机械、运输工具，以及其他与企业生产经营活动有关的设备、器具、工具等。

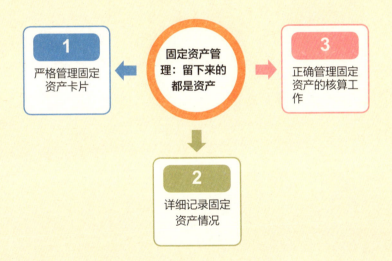

　　固定资产是企业进行生产经营的重要资产，也是企业经营与发展的一种劳动手段。从会计的角度进行划分的话，企业的固定资产一般被分为生产用固定资产、非生产用固定资产、未使用固定资产、不需用固定资产、租出固定资产、融资租赁固定资产、接受捐赠固定资产等。

　　企业的固定资产可谓企业经济发展的基础保障，因此对于企业来说，留下来的都是资产。固定资产作为资产管理的一个主要板块，需要企业老板做好相应的管理工作。企业固定资产管理的内容主要包括以下几点。

1. 严格管理固定资产卡片

要对固定资产的卡片进行严格管理，具体管理内容包括卡片的增加、删除、查询、打印、按月汇总和分类汇总等。企业老板为了能够对固定资产卡片的管理有一个宏观把控，有必要定期对卡片进行审查。

2. 详细记录固定资产情况

对于企业固定资产的增加、减少、使用和报废等情况，企业会计人员需要正确、全面而及时地进行记录，以保护生产资料的安全完整。企业可以通过购置、建造等方式来增加固定资产，通过出售、报废等途径减少固定资产。

为了真实地反映和监督企业固定资产的增减变动和实际情况，企业有必要建立健全固定资产账簿体系。同时，基于固定资产本身所具有的特性，还应当对固定资产进行总分类及明细核算。在固定资产核算的账簿体系中，"固定资产登记簿"总账能够对固定资产的增减变动情况按原值进行具体反映；"累计折旧"账户则能够将固定资产在使用过程中的磨损价值充分体现出来；"固定资产登记卡"则主要是对固定资产进行明细分类核算。

3. 正确管理固定资产的核算工作

企业会计人员需要对固定资产的折旧和修理费用进行定期核算，以保证固定资产简单再生产的实现。对此，企业可以依据相关工作设置相应的固定资产核算管理系统。固定资产核算管理系统应当具备三个明显特点：数据存储量大、日常数据输入量少、输出内容多。

对于固定资产的折旧计算工作，方法有多种，如工作量法、双倍余额递减法、平均年限法和年数总和法等。在计算固定资产折旧费用时，企业会计人员往往是通过编制"固定资产折旧计算表"来进行的，它是进行固定资产折旧总分类核算的依据。

总之，对于大部分企业来说，固定资产不仅数量多、价值高，而且它反映出的每一项固定资产的数据也非常多，因此，企业有必要重视固定资产的管理工作。在企业的固定资产管理系统投入运行的初期阶段，企业需要通过系统初始化，将之前固定资产的有关数据全部一次性输入计算机。从固定资产的整个存储量来看，固定资产管理系统可以算得上是一个数据量大且占用存储空间较多的系统。企业老板务必对此保持高度关注。

无形资产：看不见摸不着，但是你的

无形资产是指企业拥有或者控制的不具备实物形态，但可进行辨认的一种非货币性资产。无形资产有广义和狭义之分，广义的无形资产包括货币资金、金融资产、长期股权投资、应收账款、专利权和商标权等，这些无形资产没有物质实体，一般通过某种法定权利或技术得到具体体现。但是，在会计管理方面，往往对于无形资产理解得比较狭义，因此，通常情况下，只将专利权和商标权等称为无形资产。

由于无形资产不具备实物形态，看不见摸不着，相对于固定资产等有形资产来讲比较难于管理，很多时候并没有引起企业老板足够的重视。不过，无形资产是企业资产不可分割的重要组成部分，对于企业的经营发展同样发挥着积极作用，因此，企业老板必须要重视无形资产的存在。对于无形资产的管理，企业可以从无形资产的内容、无形资产的确认、无形资产的初始计量、无形资产的后续计量、无形资产的处置和报废五个方面进行。

1. 无形资产的内容

无形资产包括社会无形资产和自然无形资产。通常情况下，社会无形资产包括专利权、非专利技术、著作权、商标权、特许权和土地使用权等；自然无形资产则主要是没有实体物质形态的天然气等自然资源。

（1）专利权

专利权是指国家专利主管机关对发明创造专利申请人在法定期限内的发明创造依法授予发明专有权利，包括发明专利权、实用新型专利权和外观设计专利权。

（2）非专利技术

非专利技术也可称为专有技术，是指不为外界所知，没有受到法律保护，在生产经营活动中采用的一些能够为企业带来经济效益的技术和诀窍。

（3）特许权

特许权又称经营特许权或者专营权，它指的是企业在某一地区经营或者销售某种特定商品的权利，也包括一家企业接受另一家企业使用其技术秘密、商标和商号等的权利。

（4）著作权

一些文艺工作者对自己创作的文学、科学以及艺术作品等依法享有的某些特殊权利。

（5）商标权

商标权是指专门在某类指定的商品或产品上使用特定的名称或者图案的权利。

（6）土地使用权

土地使用权是指国家准许某企业在某一特定期限内对国有土地享有开发、利用、经营的权利。

2.无形资产的确认

无形资产同时满足下列条件的，才能予以确认：

①与这一无形资产相关的经济利益很可能流入企业内部。

②该无形资产的成本能够进行可靠计量。企业自创的商誉以及内部产生的品牌、报刊名等的成本是无法进行可靠计量的，因此不应当被视为无形资产。

3.无形资产的初始计量

无形资产的初始计量应该按照实际成本进行计量，其成本包括自满足无形资产确认条件后至达到预定用途前所发生的相关支出总额，但是对于之前已经形成实际费用的支出不再做出实际调整。

4.无形资产的后续计量

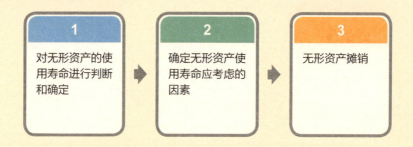

（1）对无形资产的使用寿命进行判断和确定

无形资产的使用寿命有一定时限，企业有必要对该使用寿命的时限或者构成使用寿命的产量等类似计量单位数量进行预估。对于无形资产为企业带来经济利益的期限，如果企业无法准确预测，则应归属为使用寿命不确定的无形资产。

（2）确定无形资产使用寿命应考虑的因素

对于无形资产使用寿命的确定，企业应当考虑的因素包括：技术和工艺等方面的现阶段情况以及对未来发展趋势的估计；相关资产所生产产品或服务的市场需求情况；相关资产在法律规定或类似限制方面的控制期限，包括特许使用期、租赁期等；与企业持有的其他资产使用寿命的关联性等。

（3）无形资产摊销

无形资产的摊销金额是其成本扣除预计残值后的金额。已经计提减值准备的无形资产，还需要将已经计提的无形资产减值准备累积金额扣除。对于那些使用寿命有限的无形资产，应将其残值视为零。

5. 无形资产的处置和报废

企业转让无形资产使用权形成的转让收入和产生的系列费用，分别包括其他业务收入和其他业务成本。对于无形资产的出售，企业应将所获取的款项与该无形资产账面价值的差额共同算入当期损益（营业外收入或者营业外支出）。

如果无形资产预期无法为企业赚取经济利益，企业应当将无形资产的账面价值进行转销，进而将其账面价值转为当期损益（营业外支出）。

目前，社会进入知识爆炸的时代，随着知识、技能、人力资本和信息等无形资产的产生和应用，企业纷纷将加强无形资产管理放在国民经济发展的重要位置。因此，企业尤其是企业老板理所当然地应当重视无形资产管理工作。

第三章

负债管理：没有负债的企业不是好企业

负债管理在企业的会计管理工作中，同样是一个重要内容。同时，它也是企业的一种经营策略，甚至可以说，没有负债的企业不是好企业。企业老板要把握负债管理的关键审批环节，掌握好企业经营管理的大方向。

企业负债也是战略

在企业的经营管理中，负债管理工作是关键环节之一。负债管理的目标是力求争取到稳定性强、流动性大、吸存方式灵活多样的各种存款，以此来对银行的贷款能力进行扩充和提升；同时，对负债结构进行调整，以短续长、以小聚多、以收益的多重变换来和企业资产结构的需要相协调。

企业每一次战略的成功实施都需要一定的资金作为支撑，企业的资金包括资产重组、营业利润、借债和发行股票，对于企业成功的战略实施来说，形成一种合理的企业资本结构至关重要。在企业财务危机、企业的战略实施乃至企业生存方面，可以说，合理的负债结构是解决这一系列问题的重要基础。与此同时，成功的战略实施也是企业合理的负债结构得以维持的保证。

企业负债结构是指企业负债中各种负债数量比例关系，尤其是短期负债

在全部负债中所占的比例。从理论上讲，企业在资本结构中是需要持有一定债务的，这是因为企业可以通过债务融资获得的产品和项目盈利，在超过其债务成本以上，使投资收益得到一定提高。而在低收益时期，如果企业资本结构中债务过多，往往容易对股东的收益甚至企业的生存造成一定威胁。合理的负债结构不仅能够将负债带来的经济效益最大化，同时还能够促使企业形成良好的长期偿债能力和短期偿债能力，进而规避企业风险，使得企业的战略实施有所保证。

长期偿债能力和短期偿债能力并非衡量企业负债结构是否合理的标准指标。衡量一个企业负债结构的关键指标应是以现金净流量为基础，同时结合企业的流动资产状况进行确定。合理的企业负债结构包括四大要素：

第一，从短期看，需要匹配企业的主营业务经营状况。

第二，从长期看，需要适应企业战略（扩张性战略、维持性战略和萎缩性战略）。

第三，从所处地位看，需要匹配企业的经营环境（财政政策、货币政策等）。

第四，需要以企业现金净流量正常化和企业股东利益最大化为整体运作方向，进而配合企业战略的实施。

所以，企业要想维持自身足够的现金净流量，就要有合理的负债结构，而这需要理性的企业战略决策与实施。现金净流量是企业负债结构与理性战略决策互动整合的结合点。因此，合理的负债结构与企业理性战略是每个企业管理层不断认识、思考与运作的主题之一，也是企业生存与持续发展的有力保障。

1. 奠基战略

企业要想具有最快的发展速度，保持自己在市场上的领先地位，就要进行大量产品促销和新产品的开发与投资，还要采取价格竞争手段。这需要企业投入大量资金，因此，对近期企业的负债结构进行综合考虑尤为重要。

2. 维持战略

当市场成长速度过慢，企业发展进入成熟期时，企业投入将大于产出。这时企业往往没有更多的资金转至其他能产出利润的方向进行更加合理的运用，不宜投入现有产品及市场，只能将现有的现金净流量转向投入长期现金净流量的培育上，从而形成合理的负债结构。

3. 收获战略

为了促使企业的经营风险或损失进一步降低，同时在最短时间内获得现金，进而对企业的负债结构进行整合，企业可采取收获战略，即结束衰退类产品的生产和问题产品的投入。

4. 撤退战略

当企业对相关产品做出"无前途"的预估，并且企业无正常所需的现金净流量，也就是当企业的负债结构出现明显的不合理状况时，应停止产品的生产或出售企业资产，从而减少企业负债，如股权出售、转让等。

以上四种战略是在将企业经营与负债结构的实际状况相结合的基础上制定的，是企业在不同负债结构的基础上进行的战略性选择，通过这些战略选择来改善企业的现金存量，达到股东利益最大，同时对企业负债结构进行改善、保持企业生存及竞争力的目的。因此，企业老板应当对企业合理的负债结构和理性战略进行不断认识和思考，更有力地保障企业的生存与持续发展。

老板为什么要对企业进行负债管理

企业在生产经营过程中，产生负债是必然的。企业的负债是指企业过去的交易或者事项所形成的、预期会导致经济利益流出企业的现实义务。而企业的负债经营是指企业通过银行借款、商业信用、融资租赁和发行债券等方式取得借入资金对自有资金的不足进行弥补，从而取得最大收益的一种经营活动方式，同时也是促使企业迅速发展的具有一定风险的一种经营方式。

在企业经营过程中，企业老板需要对企业负债经营的风险做好预防和控制，加强对负债经营的管理工作，从而使企业获得最大的经济效益。很多企业通过负债经营，使企业得到了迅猛发展，可以说，负债经营已经成为现代企业发展的一个重要途径。负债对企业的具体意义体现在以下几点。

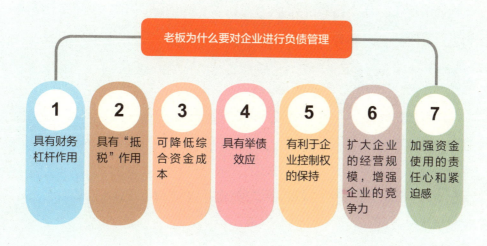

老板为什么要对企业进行负债管理

1 具有财务杠杆作用

2 具有"抵税"作用

3 可降低综合资金成本

4 具有举债效应

5 有利于企业控制权的保持

6 扩大企业的经营规模，增强企业的竞争力

7 加强资金使用的责任心和紧迫感

1. 具有财务杠杆作用

负债经营具有财务杠杆作用。不管企业经营成果和利润如何，债务利息额都是固定的，因而当利润增大时，每一元利润所负担的利息就会相应减少，从而大幅度提高自有资本所有者的收益，该债务对所有者收益的影响就是财务杠杆。

2. 具有"抵税"作用

负债利息具有"抵税"作用。负债的利息费用列入财务费用，与企业的收入相互抵扣，这就使得负债经营企业相比于全部采用自有资金进行经营的企业，成本费用增大，利润减少，应缴纳所得税额也随之减少，从而减少上缴所得税和企业税负。

3. 可降低综合资金成本

负债经营可降低综合资金成本。企业借入资金，无论盈亏均应按期偿还本息，对债权人来说风险很小。同时，除了需要偿还本息外，企业不再承担其他经济责任，而且企业支付的利息是在成本中进行列支的，不需要对所得税进行负担。

4. 具有举债效应

在通货膨胀时期，负债经营能够为企业带来举债效应。由于债务的实际偿还数额并不考虑通货膨胀因素，往往是以账面价值为基准的，所以，通货膨胀很容易为负债经营的企业带来可观的额外收益。通货膨胀率越高，企业凭借负债经营获取的货币贬值利益越大。这种通过负债经营可能获取的收益便是举债效应。

5.有利于企业控制权的保持

负债经营有利于企业控制权的保持。当企业需要进行新的筹资决策时，如果通过发行股票等方式来筹集权益资本，将会导致股权的分散，严重影响现有股东对于企业的控制权。而负债筹资在增加企业资金来源的同时，不会使企业的控制权受到影响，对于保持现有股东对于企业的控制大有裨益。

6.扩大企业的经营规模，增强企业的竞争力

负债经营有利于扩大企业的经营规模，增强企业的市场竞争能力。市场经济属于竞争经济，竞争的成败不仅与竞争方式有关，同时还由企业的竞争力所决定。通过举债的方式，企业可以在较短的时间内筹集到足够的资金用以扩大经营规模，进而以更强的竞争力参与市场竞争。

7.加强资金使用的责任心和紧迫感

负债经营有利于加强资金使用的责任心和紧迫感。事实上，负债经营给企业原来的资金无偿使用的格局带来了变化。一方面，为企业筹资带来自由，能够以较低的成本方案筹集资金；另一方面，还本付息造成的一定压力迫使其注重资金的经济收益，同时确立资金的时间价值观念。

总之，负债管理工作涉及企业的方方面面，建立健全负债管理各方面的工作，做好负债的监督决策工作，是企业老板的当务之急。

负债管理都要管什么

　　企业在生产经营过程中必然会出现一定程度的负债。如果企业负债政策运用恰当，就会大大增强企业的活力，从而加快企业的发展速度，提高经济效益；如果企业没有运用好负债政策，则会减弱企业的活力，对企业的正常生产经营造成很大影响，甚至还有可能拖垮企业，导致企业破产。因此，企业老板必须重视企业的负债管理工作。

　　虽然，负债经营是现代企业发展的必然选择，但是，企业的负债经营是利弊并存。因此，企业如何兴利除弊，进一步强化自身的负债管理工作，从而合理有效地进行负债管理就成为企业负债经营的核心问题。当然，这首先要求企业老板起好带头作用，抓好负债管理工作。对于企业老板来说，负债管理需要做好应付账款支付申请、负债筹资方案、负债结构风险评估报告和负债筹资改进计划的审批工作。

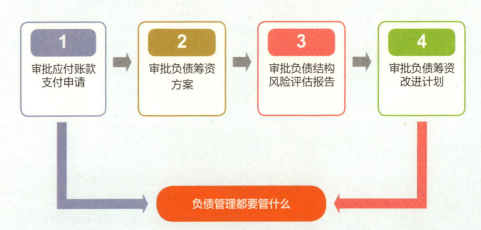

1. 审批应付账款支付申请

企业老板在审批应付账款的支付申请时，首先要根据验收结果与合同条款对约定的付款条件是否能够实现做出判断，然后对付款的对象、金额、方式等内容的准确性进行审查，并最终做出审批。

2. 审批负债筹资方案

企业老板在审批负债筹资方案时，需要审查的内容包括：方案设计是否满足企业负债筹资的目标要求，各类负债筹资方式的选择及其比例结构是否科学合理、切实可行，以及成本风险性如何等。

3. 审批负债结构风险评估报告

在企业老板审批负债结构风险评估报告时，先要对风险评估工作的规范性和严谨性进行严格审查；然后对所选择评估方法是否科学、正确做出判断；最后确定评估结果的有效性。

此外，企业老板还要根据风险评估报告中所拟定的风险应对措施是否全面有效进行审查，在确认措施的合理性后审批下发执行。

4. 审批负债筹资改进计划

在企业老板审批负债筹资改进计划时，首先需要对本期负债筹资工作的结果的真实性和全面性做出判断；然后审查各类改进措施是否足够科学、合理；最后，做出最终的审批。

此外，为了能够更好地做好企业的负债管理工作，企业老板还要确定企业合理的负债规模；考虑企业的偿债能力；确定企业的合理负债结构；加强企业经营管理，提高资金利用率；培养优秀的经营管理人员，做好负债经营决策，等等。

总之，负债管理工作涉及企业的财务管理以及会计管理的方方面面。在各项管理工作中它并非平行单一，而是整合穿插进行操作的。在企业老板进行负债管理，尤其是在进行相关决策时，要注意结合多方面因素，正确合理地进行负债经营，以促进企业的可持续发展。

短期负债管理要注意什么

短期负债是企业负债管理工作的最常见内容。短期负债也叫流动负债，指的是企业将在一年（含一年）或者超过一年的一个营业周期内所需要偿还的债务，包括短期借款、应付票据、应付工资、应付福利费、应付股利、应交税金、应付账款、预收账款、其他暂收应付款项、预提费用和一年内到期的长期借款等。

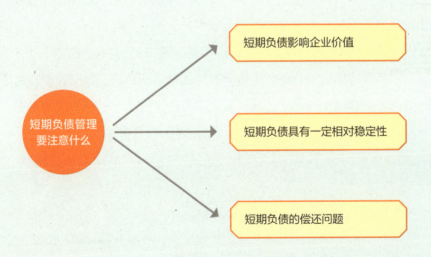

短期负债管理要注意什么

短期负债影响企业价值

短期负债具有一定相对稳定性

短期负债的偿还问题

为了更有利于企业进行负债管理，企业会计部门要对企业的短期负债进行定期核算和报告，便于企业更好地运营发展。对于短期负债管理工作，企业老板需要注意以下几点。

1. 短期负债影响企业价值

在企业众多的融资方式中，短期负债是风险最大的一种。当然，它也是资金成本最低的筹资方式。所以，短期负债比例的高低，将直接影响企业价值。在现代市场经济中，资金市场和各种融资工具正不断地飞速向前发展，短期债务资金由于其自身具有的可转换性、灵活性和多样性，对企业资金结构的调整大有裨益。因此，企业在短期负债管理工作中，不能忽视其对企业整体价值的影响。

2. 短期负债具有一定相对稳定性

很多相关人士反对将短期负债纳入资金结构研究范畴。他们通常认为，企业的短期负债行为完全是波动的，没有任何规律可循。其实，对于一个能够正常生产经营的企业来说，短期负债中的大部分内容具有一定的相对稳定性。以工业企业为例，最低的原材料储备、最低的存货储备等所占用的资金，虽然企业筹集这部分资金所采用的方式为短期负债，但一般都是短期资金长期占用。在这种情况下，这一笔短期资金是被企业不断循环使用的，具有一定的规律性，需要企业将其纳入资金结构进行研究。

3. 短期负债的偿还问题

对于企业负债的偿还，企业应当遵循这样一个顺序：首先要偿还短期负债，其次才是长期负债。而对于长期负债来说，在其到期之前还要转化为短期负债，进而与已有的短期负债一起组成企业在短期内需要偿还的负债总额，构成企业的偿债压力。因此，企业相关部门在开展短期负债管理工作以及分析会计信息和财务风险时，要充分考虑到短期负债会给企业造成的影响以及带来的风险。

　　从实际情况来看，由于企业的长期债务在转化为短期债务后才面临偿还问题，因此，企业所偿还的均是短期债务。目前，很多企业的偿债能力普遍较弱，归根结底是由于企业短期负债过度所致，在理论上与没有对负债结构进行深入研究有直接关系。因此，企业老板必须重视企业的短期负债管理。

长期负债管理要点

　　长期负债也称为非流动负债，是指期限超过一年的企业债务（一年内到期的长期负债在资产负债表中列入短期负债），是负债管理的重要组成部分。和企业的流动负债相比，长期负债具有数额较大、偿还期限较长的特点。因此，企业在举借长期负债时，往往会附带一定的条件，比如需要企业将某项资产指定为还款的担保品，同时企业还要指定担保人，设置偿债基金，等等，以保护债权人的经济利益。长期负债具有以下几个特点。

1. 短期偿债能力是长期偿债能力的基础

　　保证长期负债得以偿还的基本前提是企业具有较强的短期偿债能力，不至于破产清算。所以，短期偿债能力是长期偿债能力的基础。

2.长期偿债能力和企业的盈利能力密切相关

某些数额较大的长期负债，在偿还时是需要经过一段时间积累的。从长期来看，所有真实的报告收益最终反映的都应该是企业的现金净流入，所以企业的长期偿债能力和企业的盈利能力是密切相关的。

3.长期负债和资本结构的合理性息息相关

企业的长期负债数额大小和企业资本结构的合理性息息相关。所以，长期债务除了要考虑偿债的角度，还要考虑保持资本结构合理性的因素，使企业拥有并保持良好的资本结构的同时还能增强企业的偿债能力。

4.长期负债的审计也是长期负债管理的重要方面

长期负债包括长期借款和长期应付款等，企业的会计部门所做的长期负债审计就是对此类债务的审查，这一点需要得到企业老板的监督，进而保证负债管理工作的妥善进行。

长期负债审计内容包括：长期负债使用是否达到了预期效果；长期借款、长期应付款等款项的形成是否合理、合法，本金和利息的偿付是否及时、合规，相关记录是否完整；验证长期负债余额是否正确，是否充分地反映在会计报表上。

对于长期负债在会计管理中的表现，相关会计人员在进行长期负债审计（这里主要指长期借款和长期应付款）时要注意两个要点。

（1）长期借款

在处理长期借款时要注意确认借款是否有计划、有合同，借款用途是否和计划或合同的规定相符，借款本金和利息是否按计划归还，借款抵押品实物是否确实存在。同时，还需要查明长期借款账户到期余额是否与本金加逐年应计利息之和相等。在长期借款的分类方面，会计人员还要审查长期借款费用是否进行了正确的资本化核算。

当长期借款到了截止日时，会计人员要审查确认企业长期借款费用资本化的始点和终点是否正确。同时，还要查明企业在会计报表上对年内到期的长期借款、借款抵押等情况所做的正确揭示。

（2）长期应付款

长期应付款主要包括两方面内容，即融资租入固定资产应付款和补偿贸易引进设备应付款。前者实质上是采用分期付款的方式支付固定资产价款；后者则是企业与外商签订来料加工、来料装配和中小型补偿贸易合同进而引进国外设备的过程中所产生的应付款项，这种应付款项往往是用设备投产后所生产产品的出口收入进行分期偿付。长期应付款的核算和一般长期负债相同，同样包括负债的发生与偿付，不同之处在于长期应付款很多时候会涉及外币及汇兑差额的核算。

总之，通过对这两项长期负债的重点审计，能够使企业更好地进行长期负债的管理。所以，长期负债的审计对企业的长期负债管理同样具有关键性作用，企业老板不可轻视。

如何管理自己的商业信用

对于企业的经营管理来说，只要企业有商业活动，就存在商业信用。商业信用是指企业在商品或劳务交易中，以延期付款或预收货款方式进行购销活动而形成的信贷关系，它是企业筹集短期资金的重要方式。商业信用的内容除了企业之间通过赊销分期付款等形式提供的信用之外，还包括双方在商品交易的基础上通过预付定金等形式提供的信用。

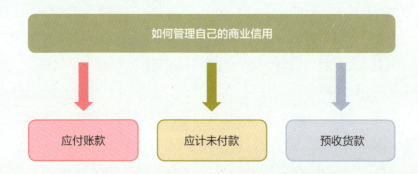

作为一种融资方式，商业信用最大的特点便是容易获取，它无须办理正式手续，而且即便是没有现金折扣或带息票据，它也不需要支付筹资成本，企业及个体工商户都能够轻易取得，基于此，商业信用普遍存在于商业活动之中。商业信用是社会信用体系中最重要的一个环节，它具有巨大的外在性，因此，在一定程度上对其他信用的发展存在巨大影响。

从本质上说，商业信用是在主观上真实可靠、客观上兑现承诺的基础上，逐渐形成的一种商业信赖和好评。所谓主观上真实可靠，是指在商业活动中，交易双方在主观心理上秉持的一种诚实互信的态度，不存在其他欺诈意图和目的，进而维护交易的公平性；所谓客观上兑现承诺，是指商业主体应当积极承担自己在交易中向对方做出的有效承诺的后果，应当促使其实际兑现。可以说，商业信用是主客观的统一，同时也是企业在商业活动中，主观意愿和客观行为是否一致的体现。

商业信用具有两面性，管理出色的企业发展良好，管理不佳则会对企业造成一定的损失，尤其是在企业负债管理环节，如果没有处理好相关的商业信用事宜，则企业未来岌岌可危。因此，企业老板一定要管理好自己的商业信用。下面我们根据商业信用的表现形式来做具体介绍。

1. 应付账款

应付账款是供应商给企业提供的一个商业信用。很多购买方往往会在到货一段时间后才选择付款，这时候商业信用便成为企业短期资金的来源。比如，当企业规定对所有账单均见票后在若干日期内进行付款，商业信用便成为随着产品生产周转而变化的一种内在的资金来源。当企业的生产规模不断扩大后，其进货和应付账款也会随之相应地增长，于是，商业信用就提供了增产需要的部分资金。

通常情况下，商业信用条件包括以下两种：有信用期，但无现金折扣，如"$N/30$"表示在30天内按发票金额全数支付；有信用期和现金折扣，如"2/10，$N/30$"表示在10天内付款同时享受2%的现金折扣，若购买方放弃折扣，则30天内必须付清款项。

供应商在信用条件中做出现金折扣的规定，主要是为了加速资金回收。因此，企业在决定是否享受现金折扣时，需要结合各方面因素进行综合考虑。

2. 应计未付款

应计未付款是指在生产经营以及利润分配过程中，企业已经计提但尚未以货币形式进行支付的款项。应计未付款主要包括应付工资、应缴税金、应付利润或应付股利等。以应付工资为例，通常情况下，企业往往会选择以半月或月为单位向企业员工支付工资，在应付工资已计但未付的时间段，应计未付款便逐渐形成了。应计未付款相当于企业员工向企业提供的一个信用。应缴税金、应付利润或应付股利具有类似的性质。

随着企业规模的不断扩大，应计未付款也会有所增加，企业在使用这些自然形成的资金时无须付出任何代价。不过，由于相关款项的支付有一定的时间限制，虽然企业能够充分利用应计未付款，但并不能一直控制这些款项。

3. 预收货款

预收货款是指销货单位按照合同和协议规定，在发货之前向购货单位预先收取部分或全部货款的一种信用行为。通常情况下，对于那些紧俏商品，购买单位往往喜欢采用这种方式购货；对于那些生产周期长、造价较高的商品，销货方也往往喜欢采用预收货款这种方式销货，以缓和本企业资金占用过多的矛盾。

可以说，现代经济是信用经济，作为提高企业效益和增强竞争能力的一种有效工具，商业信用在现代经济中发挥的重要作用愈发明显。不过，商业信用也是一把"双刃剑"，收益和风险是并存的，企业老板务必慎重对待，避免轻率管理。

第四章

所有者权益：你要照顾谁的利益

在企业的日常管理中，所有者的权益也就是老板的权益。企业老板需要在实收资本、资本公积、盈余公积和未分配利润方面权衡相关利益，争取企业资本利用的最大化，进而使企业资本增值。

企业所有者有哪些权益

　　企业是通过一系列合约将包括物质资源和人力资源在内的一定的稀缺性资源组合起来，并且为了自身利益进行生产经营的一种经济组织。企业投资者是企业所有权（财产控制权）的拥有者，他们都有哪些权益呢？

　　所有者权益就是企业投资人对企业净资产的所有权，受企业总资产和总负债变动的影响。所有者以其出资额的比例分享企业利润。当然，所有者也必须以其出资额的比例承担企业经营过程中的风险。也就是说，所有者权益是指企业资产在扣除负债后企业所有者享有的剩余权益。企业的所有者权益包括实收资本（或投入资本）、资本公积、盈余公积和未分配利润。对于股份制企业，所有者权益也被称为股东权益。

企业所有者有哪些权益

| 1 实收资本 | 2 资本公积 | 3 盈余公积 | 4 未分配利润 |

1. 实收资本

　　实收资本是投资者实际投入企业经济活动的各种财产物资，它包括法人投资、个人投资、国家投资和外商投资等。

　　法人投资是指企业法人或其他法人单位以其依法可以支配的资产投入企业的资本；个人投资是指社会个人或者本企业内部职工以其合法的财产投入企业的资本；国家投资是指有权代表国家进行投资的部门或者机构以国有资产投入企业的资本；外商投资是指国外投资者以及我国香港、澳门和台湾地区投资者投入企业的资本。

2. 资本公积

　　资本公积，就是通过企业非营业利润所增加的净资产，它包括法定财产重估增值、资本溢价、资本汇率折算差额和接受捐赠所得的各种财产物资。

　　法定财产重估增值是指因企业在分立、合并、变更和投资时，进行的资产评估或者合同、协议约定的资产价值与原账面净值形成的差额；资本溢价是指投资人缴付的出资额高出其认缴资本金的差额，主要包括可转换债券转换为股本的溢价净收入和股份有限公司发行股票的溢价净收入；资本汇率折算差额是指企业在收到外币投资时，由于汇率变动而发生的汇兑差额；接受捐赠是指企业因接受其他部门或个人的现金或实物等捐赠而增加的资本公积。

3. 盈余公积

　　盈余公积是指企业从税后净利润中提取的公积金。盈余公积按规定可用来对企业亏损进行弥补，也可按法定程序转增资本金。一般情况下，法定公积金提取率为10%。

4. 未分配利润

　　未分配利润是指本年度所实现的净利润经过利润分配后所剩余的利润，属于等待以后分配的利润。当未分配利润出现负数时，则属于年末的未弥补亏损，这时候就需要由以后年度的利润或盈余公积进行弥补。

　　总之，企业老板作为企业的所有者，一定要清楚自己在企业经营管理工作中所拥有的权益，时刻明白自己以及合作方的各种利益分配，这能够为企业的日后经营发展保驾护航。

实收资本：你的企业实际投入多少资金

实收资本是指投资者作为资本投入企业的各种财产。企业注册登记的法定资本总额便源于实收资本，同时它还表明所有者对企业的基本产权关系。实收资本的构成比例是企业据以向投资者进行利润或股利分配的主要依据。因此，作为一家企业的最终决策人，企业老板在进行会计管理工作时，首先要掌握企业的实收资本，只有知道自己的企业实际拥有的资金，才能事半功倍地进行相关管理工作。

在企业的实收资本管理工作中，一般主要包括实收资本的确认、企业增加资本的途径、实收资本的核算和实收资本的审计四项内容。

1.实收资本的确认

企业应当按照企业章程、合同以及协议等有关规定，根据企业实际收到的货币、实物以及无形资产对投入资本进行确认。

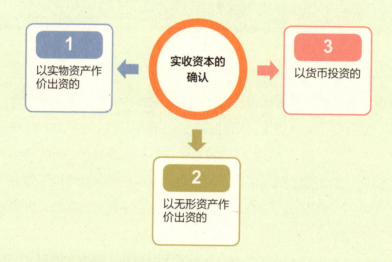

（1）以实物资产作价出资的

对于以房屋建筑物、材料物资和机器设备等实物资产作价出资的，企业应当以各项有关凭证作为依据进行确认，同时还要进行实地勘察、实物清点以对有关投资进行核实。其中，房屋建筑物应当具备产权证明。

（2）以无形资产作价出资的

对于以专利权、专有技术、商标权、土地使用权等无形资产作价出资的，应当根据各项有关凭证以及文件资料进行确认和验证。其中，外方合营者出资的工业产权和专有技术需要符合相关规定。

（3）以货币投资的

对于以货币投资的，企业需要根据收款凭证进行确认和验证。对于外方投资者的外汇投资，则应当具备利润来源地外汇管理局的证明。

2.企业增加资本的途径

（1）所有者投入

企业在收到投资者投入的资金时，借记"银行存款""固定资产"等科目，贷记"实收资本"等科目。

（2）将资本公积转为实收资本

企业的会计信息上应当借记"资本公积"科目，贷记"实收资本"科目。

（3）将盈余公积转为实收资本

企业应当在会计信息上借记"盈余公积"科目，贷记"实收资本"科目。需要注意的是，资本公积和盈余公积均属于所有者权益，转为实收资本时，对于独资企业来说比较简单，这时候直接结账即可；对于股份公司或者有限责任公司来说，则需要按照原投资者所持股份同比例向各股东增加股权，具体来讲，股份公司这时候可以通过发放新股的方式进行。

3.实收资本的核算

投资者投入的现金资本应当以企业实际收到或者存入企业开户银行的金额作为实收资本入账。其中，实际收到或者存入企业开户银行的金额高出其在该企业注册资本中所占的那部分份额需要计入资本公积。

投资者投入的非现金资本应按投资各方确认的价值作为实收资本入账。其中，首次发行股票而接受投资者投入的无形资产，需要按照该项无形资产在投资方的账面价值入账。

投资者投入的外币，对于在合同中没有约定汇率的部分，应当按照收到出资额当日的汇率进行折算；而在合同中已约定汇率的部分，则应按照合同约定的汇率进行折算，其中，由于汇率不同而产生的折算差额，需要作为资本公积处理。

依照相关法律、法规的规定，中外合作经营企业在合作期间应当陆续归还投资者所投资的资本。对于那些已归还的投资，企业需要进行单独核算，并在资产负债表中作为实收资本的减项单独反映出来。

4.实收资本的审计

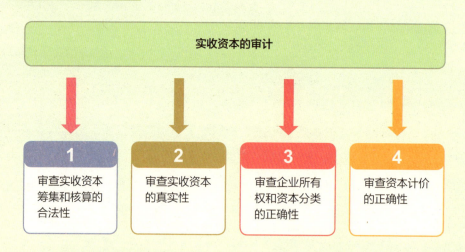

在"实收资本"的内容中，如果企业一次性筹得的资本等同于注册资本，那么实收资本就是企业的资本金；反之，如果企业筹集资本是分期进行的，那么在最后一次缴入之前，实收资本则要少于注册资本。

企业老板需要稳抓实收资本的审计工作，其中应重点做好四个方面的内容。

（1）审查实收资本筹集和核算的合法性

首先，从资本筹集入手，对注册资本的筹集是否符合国家规定、出资协议是否齐全、是否符合企业章程、审批手续是否完备等问题进行确认；其次，在资本变动时，要对注册资本增减变动情况是否符合国家规定进行确认，并且对其进行验资并经变更登记；最后，在转让资本所有权时，要审查转让是否经过其他出资人同意、手续是否齐全等。

（2）审查实收资本的真实性

要对企业是否有虚假验资虚列实收资本、虚假评估虚列实收资本、注册完毕抽逃资本等行为进行确认，一经发现便要严肃处理。

（3）审查企业所有权和资本分类的正确性

要对企业是否正确划分了权益资本与借入资金的界限、股本与资本公积的界限、实收资本与资本公积的界限等问题进行审查。

（4）审查资本计价的正确性

要对现金以外的有形或无形资产投资的入账价值，与合同、协议规定的价值及资产评估确认价值是否一致等问题进行确认。

总之，在所有者的权益中，实收资本作为其中一项重要的组成部分，需要引起企业老板的高度重视。

资本公积：一块可以共享的"蛋糕"

　　资本公积是指企业在经营过程中，由于法定财产重估增值、股本溢价以及接受捐赠等原因所逐渐形成的公积金，也是指投资者或者他人投入企业、所有权归属投资者，同时投入金额上超过法定资本部分的资本。资本公积与企业资本相关而与企业收益无关。

　　对于资本公积的管理，企业老板可以从资本公积的分类、资本公积的用途和资本公积的审计三方面进行。

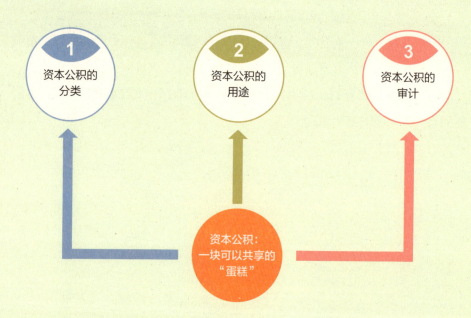

1.资本公积的分类

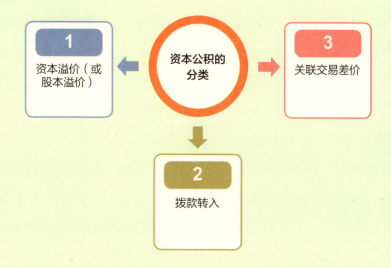

（1）资本溢价（或股本溢价）

资本溢价是指投资者缴付企业的出资额高出其在企业注册资本中所拥有份额的数额。（股本溢价是指在股份有限公司溢价发行股票时，公司实际收到的款项高出股票面值总额的数额。）

（2）拨款转入

拨款转入是指企业在收到国家拨入的专门用于技术改造、技术研究等内容的拨款项目完成后，依照相关规定转入资本公积的部分。

（3）关联交易差价

关联交易差价是指上市公司与关联方之间显失公允的关联交易所形成的差价。

此外，资本公积还包括其他类别，只不过和上面提到的三类资本公积相比，其他类型的资本公积不是很常见，这里不再赘述。

2.资本公积的用途

从本质上来讲，资本公积属于投入资本的范畴，它是由于我国采用注册资本制度而产生的。我国《公司法》等相关法律规定，资本公积的用途主要是用于转增资本，也就是增加实收资本（或股本）。

虽然资本公积转增资本并不能增加企业的所有者权益总额，不过，资本公积转增资本还是能为企业带来两个方面的好处：一方面，可以促使企业投入资本结构改变，体现企业稳健、持续发展的潜力；另一方面，对股份有限公司而言，资本公积转增资本能够带来投资者持有股份的增加，从而促进公司股票流通量增加，进而激活股价，提高股票的交易量和资本的流动性。

此外，实收资本是所有者权益（债权人）最本质的体现，是在考虑投资风险时重要的影响因素。因此，资本公积转增资本不仅有利于投资者权益的体现，还会影响到债权人的信贷决策。

3.资本公积的审计

资本公积的审计工作包括审计内容和审计程序两部分。

（1）资本公积的审计内容

①取得或编制资本公积明细表，复核并与明细表、总账和相关的凭证进行核对，最后检查其一致性。

②审查资本公积形成的合规性和真实性。

③审查资本公积使用的合规性和正确性。

④审查资本公积在会计报表上的披露和表述是否足够恰当。

（2）资本公积的审计程序

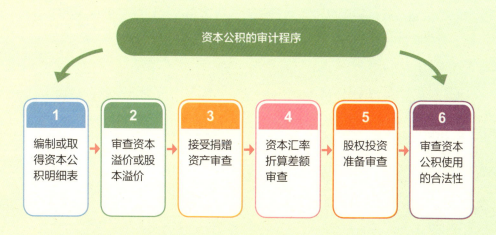

①编制或取得资本公积明细表。

②审查资本溢价或股本溢价。对投资合同、协议、公司章程及账簿记录和凭证进行审查，确定资本溢价的真实有效；对于资本溢价的计算方式进行检查，保证计算是按照实际出资额是否扣除投资比例所占的资本额登记入账；审查账务处理和股票发行费用处理的准确性。

③接受捐赠资产审查。对相关文件、凭证进行审查，确定企业在接受捐赠资产方面是通过正当来源和渠道进行的；查明所捐赠业务真实可靠、捐赠资产计价和账务处理准确有效。

④资本汇率折算差额审查。取得有关明细账及出资证明、收款凭证和合同、协议等，对外币资产投资的真实性以及折算过程进行验证，保证其符合合同规定；复核计算结果的准确性。

⑤股权投资准备审查。审查企业对外投资形成的股权投资准备计算结果的准确性；审查账务处理的正确性。

⑥审查资本公积使用的合法性。对资本公积明细账的借方发生额及有关凭证、账户的对应关系进行审查，查明资本公积使用及其变动是否合法。

在企业的所有资本中，资本公积可以说是一块能够被多方共享的"蛋糕"，企业老板需要权衡各方利益关系，依据相关会计信息进行决策，从而保证自身利益的最大化。

盈余公积：留给明天的钱

盈余公积是指企业从税后利润中提取形成的具有特定用途的收益积累，一般存留于企业内部。对于盈余公积，企业老板需要掌握盈余公积的分类、盈余公积的用途、盈余公积的核算和盈余公积的主要账务处理四方面内容。

1. 盈余公积的分类

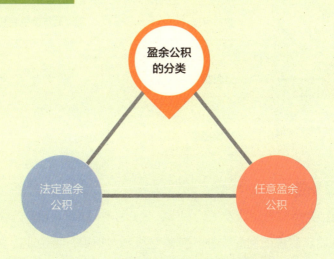

盈余公积可以分为两类，即法定盈余公积和任意盈余公积。

（1）法定盈余公积

上市公司的法定盈余公积按照税后利润的10%提取，当法定盈余公积的累计额达到注册资本的50%时便可不再提取。而且，在计算法定盈余公积的基数时，不应包括企业年初未分配利润。

（2）任意盈余公积

任意盈余公积主要是上市公司按照股东大会的决议提取。

计提依据的不同是法定盈余公积和任意盈余公积的最大区别，前者的计提依据是国家的法律或行政规章，后者则由公司自行决定提取。

2.盈余公积的用途

企业提取的盈余公积可用于弥补亏损、分配股利和转增资本（或股本）等。

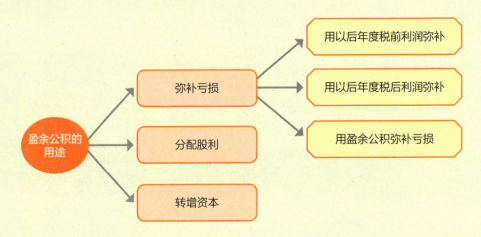

（1）弥补亏损

企业应当自行弥补企业发生的亏损，企业弥补亏损的渠道主要有三条：

①用以后年度税前利润弥补。按照现行制度规定，当企业出现亏损时，可以用以后五年内实现的税前利润进行弥补，也就是说，税前利润弥补亏损的期间为五年。

②用以后年度税后利润弥补。在五年的时间内，企业发生的亏损没有弥补足额的，尚未弥补的亏损应用所得税后的利润进行弥补。

③用盈余公积弥补亏损。在企业用提取的盈余公积来弥补企业的亏损

时，应当由企业董事会提议，经股东大会批准。

（2）分配股利

原则上来说，如果企业当年没有产生利润，是不能分配股利的。不过，企业为了维护企业信誉，可以通过使用盈余公积分配股利，但这需要符合下列条件：在用盈余公积弥补亏损后，该项公积金仍然有结余；在用盈余公积分配股利时，股利率不能过高，不能超出股票面值的6%；在分配股利结束后，法定盈余公积金不得低于注册资本的25%。

（3）转增资本（或股本）

企业将盈余公积转增资本，必须经由股东大会决议和批准。而且，企业在实际将盈余公积转增资本时，还要依照股东原有的持股比例进行结转。盈余公积转增资本时，转增后留存的盈余公积的数额不得低于注册资本的25%。

3.盈余公积的核算

企业将盈余公积转增资本时，需要以转增资本前的实收资本结构比例作为依据，将盈余公积转增资本的数额计入"实收资本"科目下各企业所有者的投资明细账中，进而使得各所有者对企业的投资额度相应地增加。

按照净利润的一定比例，外商投资企业所提取的储备基金、企业提取的企业发展基金以及中外合作经营企业按照规定以利润归还投资者的投资等，都属于盈余公积。这些都要在"盈余公积"科目下设置相应的明细科目进行核算。

4.盈余公积的主要账务处理

企业按规定提取的盈余公积，借记"利润分配——提取法定盈余公积、提取任意盈余公积"科目，贷记本科目（包括法定盈余公积和任意盈余公积）。

外商投资企业按规定提取的储备基金、职工奖励及福利基金、企业发展基金，借记"利润分配——提取储备基金、提取职工奖励及福利基金、提取企业发展基金"科目，贷记本科目（包括储备基金、企业发展基金）、"应付职工薪酬"科目。

经股东大会或相关机构决议，在用盈余公积对亏损进行弥补或转增资本时，借记本科目，贷记"利润分配——盈余公积弥补亏损""实收资本"或"股本"科目。

经股东大会决议，用盈余公积派送新股，并且按其计算出的金额，借记本科目，依照股票面值和派送新股总数而计算出的股票面值总额，贷记"股本"科目。

根据合同规定，中外合作经营在合作期间归还投资者的投资，需要按照实际归还投资的金额，借记"实收资本——已归还投资"科目，贷记"银行存款"等科目；同时，借记"利润分配——利润归还投资"科目，贷记本科目（利润归还投资）。

总之，盈余公积属于企业留给自己日后发展的储备资本。对于企业的盈余公积管理工作，企业老板需要稳抓盈余公积的核算和审计环节，从而为本企业进行相关战略规划和决策提供依据。

未分配利润：未分配利润该如何分配

未分配利润是指企业所产生的净利润在经过弥补亏损、提取盈余公积和向投资者分配利润等相关经济行为后，留存在企业的历年结存的利润。也就是说，未分配利润就是企业未做分配的利润，在之后的发展年度中可继续进行分配。在企业的所有者权益中，未分配利润一般都放在最后进行处理，在未进行分配之前，它也属于所有者权益的组成部分。从数量上来看，未分配利润是期初未分配利润与本期实现的净利润的总额减去提取的各种盈余公积和分出的利润后的余额。

一般情况下，未分配利润可以分为两类：一是留待以后年度处理的利润；二是未指明特定用途的利润。在企业的所有者权益中，相对于其他部分来说，企业对于未分配利润的使用有较大的自主权。

关于未分配利润的分配问题，企业老板可以按照一定的顺序对其进行分配。下面我们就来详细介绍一下未分配利润的分配顺序、未分配利润的核算以及未分配利润核算的注意事项。

1. 未分配利润的分配顺序

未分配利润如果属于借方余额，可以一直挂账。如果属于贷方余额，则可以按照一定顺序再次进行利润分配：弥补以前年度的亏损（弥补以前利润亏损无须专门做会计分录）→可以提取法定盈余公积和公益金（提取的盈余公积主要用于弥补亏损或转增资本；公益金只能用于职工集体福利）→支付优先股股利→提取任意盈余公积→支付普通股股利→留存收益。

2.未分配利润的核算

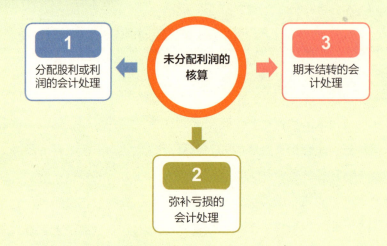

在会计处理上，未分配利润的核算是依据"利润分配"的流程和标准进行的，未分配利润的核算主要包括分配股利或利润的会计处理、弥补亏损的会计处理和期末结转的会计处理三方面内容。

（1）分配股利或利润的会计处理

经股东大会或类似机构决议，分配给股东的股票股利，应当在办理增资手续后，借记"利润分配——转作股本的股利"科目，贷记"股本"科目；经股东大会或类似机构决议，分配给股东或投资者的现金股利或利润，应当借记"利润分配——应付现金股利或利润"科目，贷记"应付股利"科目。

（2）弥补亏损的会计处理

在日常的生产经营过程中，企业可能会赢利，也可能出现亏损。如果企业出现亏损，就需要企业将本年发生的亏损自"本年利润"科目转入"利润分配——未分配利润"科目，即借记"利润分配——未分配利润"科目，贷记"本年利润"科目。

在用当年实现的利润弥补以前年度结转的未弥补亏损时，企业可以直接将当年实现的利润自"本年利润"科目转入"利润分配——未分配利润"科目的贷方，使其贷方的发生额能够与"利润分配——未分配利润"的借方余额实现自然抵补。

（3）期末结转的会计处理

企业期末结转利润时，应当将各损益类科目的余额一并转入"本年利润"科目，同时结平各损益类科目。结转后，当期实现的净利润正是"本年利润"的贷方余额，当期发生的净亏损则成为借方余额。

年度结束后，企业应当将本年收入和支出相抵后所得出的本年实现的净利润或净亏损，一并转入"利润分配——未分配利润"科目。同时，将"利润分配"科目所属的其他明细科目的余额，一并转入"未分配利润"明细科目。结转工作结束后，"未分配利润"明细科目的贷方余额便是未分配利润的金额；如果在这期间出现借方余额，则意味着未弥补亏损的金额。这时，"利润分配"科目所属的其他明细科目的余额均为零。

3. 未分配利润核算的注意事项

在进行未分配利润核算工作时需要注意以下几个问题：

（1）未分配利润核算通过"利润分配——未分配利润"账户进行

（2）一般情况下，未分配利润核算往往都是在年度终了时进行

年终时，企业相关部门需要将本年度实现的净利润结转到"利润分配——未分配利润"账户的贷方，同时本年度利润分配的数额要结转到"利润分配——未分配利润"账户的借方。

（3）年末结转后的"利润分配——未分配利润"账户的借贷方反映的内容不同

年末结转后，"利润分配——未分配利润"账户的借方期末余额反映累计的未弥补亏损；而贷方期末余额反映累计的未分配利润。

总之，企业的未分配利润应根据利润分配的一般标准和流程进行分配。这是企业老板的最佳选择，可以以此充分发挥未分配利润的经济效益。

第五章

收入管理：到手的就真的都是你的吗

　　企业收入的来源和渠道有很多，不同收入的特征也会有所不同，因而收入的构成比较复杂。那么，作为老板，如果不了解收入的含义和构成，就很难做好收入管理。对于企业已获得的利润，到手的就真的都是你的吗？如果老板想要搞清楚这个问题，就要重视收入管理，多学习收入管理的相关知识，并加强收入管理，有效控制收入，定能保证企业收入的可持续增长，进而促进企业的长足发展。

老板为何要进行收入管理

企业收入是在企业的经营活动中形成的，是企业生存和发展的根本基础。然而，很多老板由于不懂收入管理的相关知识，对收入管理并不重视，这就容易导致企业的收入管理出现诸多问题，比如由于价格不稳定而导致企业发展受限等。所以，企业若想长足发展，老板就必须了解收入管理的相关知识，只有了解了收入的构成和意义，才能明白收入管理的重要性。

老板为何要进行收入管理

销售收入是加速资金周转和提高资金利用效果的重要环节

销售收入是企业补偿耗费和持续经营的基本前提

销售收入是实现和分配利润的必要条件

企业的收入按其重要程度，可以分为基本业务收入、其他业务收入和营业外收入。基本业务收入是企业所从事的主要经营活动的收入，比如纺织厂销售棉纱等；其他业务收入是企业从事次要经营活动的收入，比如工业企业出售外购半成品和材料收入等；而营业外收入与企业的正常收入没有直接联系，属于偶然性的收入，有的还没有相应的成本，比如企业获得赔偿的收入等。

不过，收入的分类并不是固定的，它会随着地点和时间的变化而改变。某项收入在甲企业可能是其他业务收入，但以后也可能变成基本业务收入，比如，企业某种产品的销售收入，以前是其他收入，现在由于数额增加，销售价格不断上升，销售收入的比重变大，就成为企业主要收入来源之一，被列为基本业务收入。而基本业务收入主要是由企业销售产品或提供劳务而产生的收入，这里主要阐述企业的销售收入。

销售收入是财务管理中的一项重要指标，在企业生产成果中，它主要是以货币的形式表现出来的。作为老板，如果有计划地组织产品销售，就能及时取得销售收入，通过加强销售收入管理，就能扩大企业的销售收入。因此，研究收入管理对企业的发展有着非常重要的意义。

1.销售收入是企业补偿耗费和持续经营的基本前提

随着社会主义市场经济的建立，企业开始逐渐走向市场。为了适应市场的需求，开始出现一些商品生产者和经营单位。他们面向市场进行商品买卖，依法自主经营、自负盈亏和自我发展。具体来说，就是企业把生产出来的产品投放到市场上，通过销售取得收入，来补偿生产资料的耗费、所支付人工的工资、各项费用和购买原材料等，同时获得盈利，再进一步扩大再生产，如此不断循环，使企业再生产过程连续不断地进行。

2.销售收入是加速资金周转和提高资金利用效果的重要环节

从资金周转的角度来看，企业销售产品的主要表现是从成品资金变成货币资金的转化过程，它其实就是资金周转的前一过程的结束，也是后一过程的继起。由此可见，企业销售产品越快，实现销售收入越多，也就意味着企业的资金周转速度越快，如此一来，老板就能实现用较少的资金去完成较多的生产和销售的任务。

3. 销售收入是实现和分配利润的必要条件

企业以营利为目的，只有企业取得销售收入，才能实现赢利，进而才能如期足额地缴纳税金以及偿还借款。另外，通过依法分配利润，还能不断增强国家财力和企业活力。所以，老板必须认真组织产品销售，做好销售收入管理，通过不断开辟增收的途径，有效保证企业的收入长期稳定的增长。

总之，企业老板要充分了解收入管理在财务管理中的重要性。收入是企业补偿生产经营耗费的资金来源，也是企业获得利润的重要保障。只有加强收入管理，才能实现财务目标，这就是企业老板必须要进行收入管理的主要原因。

企业收入管理存在的问题及措施

　　企业的收入是企业生存发展的必要条件，通常是在企业的经营活动中形成的。而高质量的企业收入决定着企业长期创造现金流的能力以及保持持续增长的能力，能够充分反映企业在市场竞争中的实力和地位的高低。一般来说，企业的收入管理主要包括企业收入质量提高和收入的数量增长两个方面。如果企业老板能够采取一定的措施改善收入管理工作，加强企业的管理收入，就能更好地促进企业的发展。

　　不同企业在收入管理上遇到的问题也是不同的。另外，老板对收入管理的重视程度将直接决定企业的收入质量，所以，老板要不断加强企业的收入管理工作。这也是每个企业老板面临的艰巨任务。那么，企业收入管理都存在哪些问题呢？

1. 收入管理遇到的问题

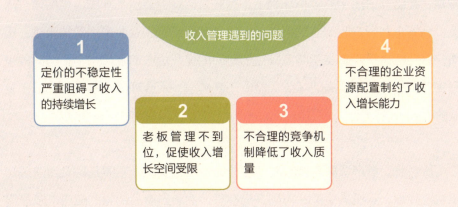

收入管理遇到的问题

1 定价的不稳定性严重阻碍了收入的持续增长

2 老板管理不到位，促使收入增长空间受限

3 不合理的竞争机制降低了收入质量

4 不合理的企业资源配置制约了收入增长能力

（1）定价的不稳定性严重阻碍了收入的持续增长

商品价格是维系企业与客户关系的纽带，也是客户衡量和评价商品的重要指标之一。稳定的价格能够维持和扩张客户群，因此很多企业老板都想方设法做到这一点。然而，确定产品的定价并非易事，它会受到各方面因素的影响。如果老板没能对这些因素引起足够的重视，就无法在较短的时间内形成一个统一的价格体系。那么，客户很可能会因为商品价格变动太大而产生强烈的情绪和排斥感。这样，不但会影响企业客户群的稳定性，还会给企业未来收入带来不可预知的损失。老板就很难保证企业收入的可持续增长。

（2）老板管理不到位，促使收入增长空间受限

很多企业老板只重视眼前的利益，而不重视其他同样能够影响企业发展的潜在条件，比如投入广告或维护客户关系等问题。如果老板不重视这些问题，在同行业产品竞争中，企业的产品就会处于劣势，失去核心竞争力。长此以往，就会影响企业的发展能力，促使企业收入增长空间受限，影响企业的收入质量，严重阻碍企业的长足发展。

（3）不合理的竞争机制降低了收入质量

由于越来越多的企业参与到市场竞争中，促使经营环境和市场竞争日益激烈，在这种白热化的竞争环境下，有些企业难免会自乱阵脚，试图通过降低价格缩小利润空间的方式来拉拢客户，甚至还有些企业采用赊销策略。虽然，这种赊销策略确实能够在较短的时间内提升企业的收入水平，但同时也意味着老板将面临较高的坏账风险。不难看出，不合理的竞争机制降低了企业的收入质量。

（4）不合理的企业资源配置制约了收入增长能力

从企业的资产调配角度来看，企业的运作，实质上主要是指企业从采购原材料开始，到投入生产，再到产出存货，然后到商品销售的配送以及最终

形成收入等各个环节组成的一个完整的循环体系。然而，在资源配置方面，很多企业都做得不是非常合理，导致资产利用率较低，普遍存在库存物资周转较慢、生产周期过长以及固定资产利用不充分等现象。长此以往，这种不合理的企业资源配置将严重制约企业的收入增长能力。

以上四点便是企业收入管理中普遍存在的一些问题。收入直接影响企业的可持续发展，因此，对企业老板而言，进行收入管理具有非常重要的意义。老板若想做好收入管理，就必须加强企业收入管理，有效解决企业收入管理中存在的这些问题。

2. 解决企业收入管理问题的应对措施

解决企业收入管理问题的应对措施

1 老板必须制定完善的定价政策

2 老板要不断完善企业的营销策略

3 老板要注重加强客户关系的管理

4 老板要提高产品的利用率

（1）老板必须制定完善的定价政策

老板只有制定完善的定价政策，才能为企业增长收入数量、提高收入质量打下坚实的基础。不过，老板在制定定价政策时，不能永远保持企业的定价政策不变，而是要根据市场和客户群体的变化进行适时调整。要知道，完善的定价政策不仅能为企业客户传递相对较为明确的价格信息，还能为客户制定良好的购买政策提供一定的帮助。所以，老板一定要从实际出发，结合企业的实际情况，制定一套真正符合企业自身实际情况和行业特征的定价政策。

（2）老板要不断完善企业的营销策略

老板首先要不断完善企业的营销策略，彻底摒弃过去过分注重短时效益的行为；要多在研发新产品、投放广告以及维护客户关系方面下功夫，努力提高企业的产品质量；做出高标准和高质量的广告，以此来吸引更多的客户。另外，老板要重视对市场的调研和考察工作，及时、准确地掌握市场环境和客户需求的变化，并将这些变化作为市场的导向，为客户提供最优质的服务，使企业形成具有核心竞争力的产品，从而促使企业收入更好更快地增长。

（3）老板要注重加强客户关系的管理

虽然赊销策略能够在短时间内帮助企业与客户建立良好的合作关系，增加企业销售收入，但这种关系随时都有可能给企业带来最致命的一击，这种强大的打击很有可能发生在应收账上。如果老板加强对客户关系的管理，就能有效降低应收账款变成坏账的可能性，从而提高收入质量。同时，还能有效缓解企业与客户之间的矛盾，提高客户对企业的满意度和忠诚度，保证客户群体不流失，从而达到增强收入稳定性的目的。

（4）老板要提高产品的利用率

老板作为企业的管理者，应该注意加强产品的利用率，因为只有充分利用好企业的资产，才能有效降低企业的产品成本，加快资金的周转速度。与此同时，还能提高企业创利能力，达到提高收入增长能力和盈利能力的目的。

总之，老板想要真正提高企业的收入管理水平，就必须从思想上予以重视，提高资金的利用率，加快资金的周转速度，不断优化企业的各项生产经营活动，全面促进企业收入数量的增长，提高收入质量。同时，老板还需要加大收入管理的应对措施，实行全面收入管理，制定科学而严格的措施，并将这些措施真正落实到实处。然后，提高企业的盈利水平，增强企业的市场竞争力，使企业在同行业中处于领先地位，实现企业长期可持续发展的目标。

收入管理的基本流程

收入是企业主要的经营成果，同时，也是企业获得利润的重要保障。而加强收入管理是企业实现财务目标的重要手段。作为企业的管理者，老板有必要了解收入的含义。从广义上来说，企业进行日常经营活动及其他活动形成的经济利益流入都被看作收入；而从狭义上来说，收入只限定在企业日常活动所形成的经济效益总流入。从收入的重要性来看，收入被分为基本业务收入和其他业务收入。由于收入分类并不是固定的，所以对于老板而言，对收入的管理也可以看作是对销售收入的管理。

那么，老板想要加强收入的管理，就可以直接从销售收入管理入手。在进行销售收入管理时，老板必须掌握有关销售收入计划编制和核算的基本流程。

1. 销售收入计划编制流程

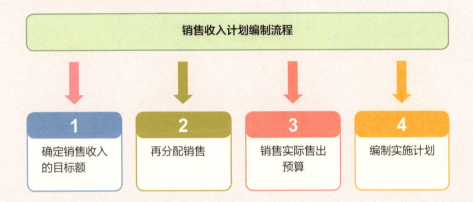

一般来说，销售计划需要在"量"的方面符合市场需求。

（1）确定销售收入的目标额

制订销售计划时，老板只有认真分析市场需求，才能掌握行业的整体动态。在此基础上，再根据业界整体的预测值做出企业的销售预测。除此之外，老板还要根据销售预测和各部门管理者所提供的销售额进行判断，确定企业下年度的销货收入目标额。

（2）再分配销售

为了实现企业的销售收入的目标额，老板必须分配销售额。在进行销售分配时，老板首先要以"产品别"为中心进行分配，然后逐步确定"地域别"与"部门别"的分配额，最后，再给每位销售员分配销售额，这样就能顺利实现销售收入目标。

（3）销售实际售出预算

老板需要参考企业的销售收入目标额、销售分配以及销售费用估计额等来制定销售预算。

（4）编制实施计划

通过对销售收入目标额进行细分后，老板可以再按月进行分配，从而拟定企业每月的目标额。同时，老板还可以以此为依据来制订销售目标具体实施计划，这样就能成立相应的销售组织以及做出合适的人事安排。

2.销售收入核算流程

（1）汇总销售收入并记账

收入核算会计要对企业销售收入进行汇总，汇总完毕后，需要编制记账凭证。

（2）财务处理

根据已编制的记账凭证，收入核算会计要与原始凭证进行核对，核对完毕后，再以此为依据来编制明细账。将此账本上交老板后，等待老板稽核复审，复审通过后，收入核算会计还需要根据明细账计提各类税金和附加。

（3）缴纳税金

收入核算会计需要申报缴纳各类税金及附加，具体步骤为：收入核算会计先将申报缴纳各类税金及附加纳税表交给老板进行审核；经过审核和审批后，再交给税务会计进行纳税申报；申报纳税通过后，将交由会计的那张申报表登记入账，并进行保管。

当老板掌握了销售收入管理的基本流程，对收入管理有了大致了解后，就能更好地监督销售收入的每个环节是否按照相关流程规范操作，以免造成资金的损失。销售收入是企业现金流入量的重要组成部分，老板在进行销售收入的管理时，必须先深入了解市场需求的变化，根据自身企业的发展情况，制定本企业的销售收入目标，以销定产，编制出适合企业发展的销售收入预算表。这样做不但可以避免企业盲目地生产，还提高了企业的素质，同时也增强了企业的竞争力。

营业收入预测的步骤和方法

收入预测是企业财务管理中最重要的工作，它是企业适应市场经济的客观要求，也是预测"以需定产"的前提。同时，它还是企业编制收入计划的主要依据，也是实现企业利润的基础。所以，加强收入预测的管理工作对企业老板来说显得异常重要。在企业生产经营过程中，为了有效减少或避免盲目性，老板非常有必要做好收入预测。

收入分为基本业务收入和其他业务收入，其中，企业通过销售商品所取得的收入称为基本业务收入，即主营业务收入，是企业在其主要的或主体的业务活动中取得的收入，它在企业营业业务收入中占据着非常大的比重，能够直接影响企业的经营成果。

对企业老板而言，收入管理很重要，收入预测更重要；而对企业来说，收入预测实际上就是营业收入预测。那么，老板进行营业收入预测时，就必须了解营业收入预测的定义。营业收入预测是指企业必须在经过市场调查研究后，运用一定的方法，并结合企业的历史销售资料和市场供求状况及发展趋势，对企业未来一段时期内可能实现的营业收入进行预计和测算。当老板掌握营业收入预测的步骤和方法以后，就可以指导和监督营业收入预测的编制，以便更加准确地预测出营业收入金额。下面具体阐述营业收入预测的基本步骤和方法。

1. 营业收入预测的步骤

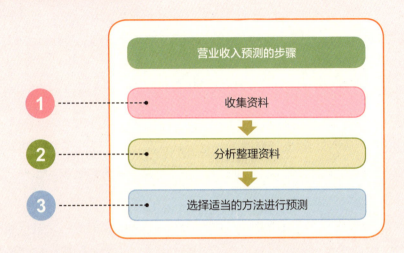

一般来说，营业收入预测包括三个步骤：收集资料、分析整理资料和选择适当的方法进行预测。

（1）收集资料

收集资料是企业老板进行营业收入预测的第一步。进行营业收入预测时，老板需要面对的是市场环境、企业的生产能力和充分的资料。如果老板想让预测工作得以顺利进行，在收集资料过程中，必须遵守以下几项原则：

①时效性原则。在变化多端的市场经济条件下，企业的生产经营活动也是在不断发展变化的，一些过于久远的历史资料对预测结果的影响力太小。

所以，老板在收集资料时，要保证所收集资料有一定的时效性，要和预测期在时间上有一定的联系，否则会由于收集的资料缺乏时效性，导致营业收入预测不够准确。这样的预测结果不但对于企业毫无意义，而且会产生误导作用。

②相关性原则。相关性原则是指所收集的资料一定要与企业经营的项目有关。

③客观性原则。收集资料时，一定要从实际出发，保证资料的客观性，不管资料对企业有利无利都可以收集。这就要求从事资料收集的工作人员不能带有主观偏见，而要客观看待。

④重要性原则。无论是企业的原始资料还是其他相关资料，其反映的经济信息不仅内容丰富多彩，而且形式也是多样的。不过，收集材料时，最好收集那些对企业生产经营活动产生重大影响的资料。

⑤广泛性原则。收集材料时，所涉及的范围尽量广泛些，无论是现实资料还是历史资料，即使不是本企业资料，而是其他企业资料或国际市场资料，都可以统统收集过来的。同时，还可以收集有关政治、社会以及宗教等方面的资料，收集的资料越广泛，收入预测的准确性就越高。

（2）分析整理资料

由于收集的相关资料都是和企业的方方面面相关的，所以为了使收入预测更加准确，就必须对所搜集的资料进行分析整理。一般来说，需要分析的资料主要包括以下三个方面内容：

①市场竞争形势对企业产生的影响，比如，消费者的品牌爱好变化对本企业的影响等。

②宏观形势变化对本行业的影响，比如，市场汇率和汇率变动刺激和制约本行业的程度等。

③消费心理和消费时尚的变化给企业经营带来的影响，比如，由于棉布服装的兴起而导致化纤服装在市场中遭到冷遇等。

通过分析和判断，老板最终能够得到一些结论：在某一地区的未来某一时期，企业所涉足的行业市场空间有多大；企业所经营的市场占有率有多大；能够保持怎样的价格水平；要想继续开拓市场，增加营业收入方面还有那些潜力可以挖掘等。

（3）选择适当的方法进行预测

营业收入预测的方法有很多，老板可以结合企业的实际情况来选择。当确定预测方法后，进行定量预测时，可以根据收集的相关材料建立一个数学模型，并采用一定的计算方法求得模型中的参数，然后将相关数据带入预测模型中，便能得到最终预测结果。

2.营业收入预测的方法

营业收入预测的方法有很多，常用的有：量本利预测分析法、判断分析法、趋势预测分析法等。

（1）量本利预测分析法

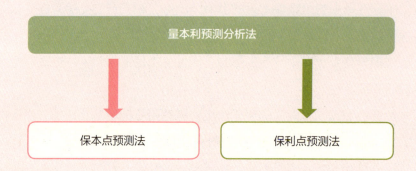

量本利预测分析法是根据企业生产产品的产量、成本费用和利润三者之间的内在联系进行综合分析，并预测企业产品销售额的一种方法。通过这种方法，老板可以确定产品价格，也可以预测企业的销售量和销售额。而预测产品销售的量本利分析法，又可以划分为保本点预测法和保利点预测法。

①保本点预测法。保本点预测法又可以称为盈亏分界点销售数额预测法，主要是指企业的产品销售利润为零，即企业处于不亏不盈状态下的销售数额。在盈利分界点，只要增加销售量，企业就会产生盈利；反之，只要减少销售量，企业就会发生亏损。保本点预测法，其实就是在量本利关系基本公式的基础上，根据保本点的定义，先求出保本点销售量，然后推算出保本点销售额的一种方法。其计算公式如下：

保本点销售量=固定成本×（单位售价−单位变动成本）

保本点销售额=单位售价×保本点销售量

②保利点预测法。企业是以获取利润为目的，而不只是保本，而保利点预测分析的意义就是确定目标利润。保利点，指的是单价和成本水平一定的情况下，为了保证实现原定计划的目标利润而应达到的销售额。其计算公式

如下：

实现目标利润的销售量=（固定成本＋目标利润）÷（单位售价−单位变动成本）

实现目标利润的销售额=单位售价×实现目标利润的销售量

（2）判断分析法

判断分析法是预测人员对收集的历史资料和其他资料，根据个人直觉进行分析与判断，对企业某项业务量的发展变化趋势做出结论的一种预测方法。它的特点就是操作简单，定性分析。唯一的缺点是预测结果会受到预测人员主观判断的影响而出现偏差。所以老板一定要对判断分析法进行调整。

（3）趋势预测分析法

趋势预测分析法基于企业能够预测产品未来变化趋势，如果企业全部产品未来产销量变化不大，老板就可以采用算术平均法和加权平均法；如果企业预测未来一段时间内产品销售量会持续增加，老板就可以采用递增率预测法。

① 算术平均法。算术平均法可以称为简单平均法，是企业前期若干数据之和除以期数而得到的前期平均数，也称为销售量预测的方法。

② 加权平均法。加权平均法是根据以前各期销售量和一定的权数，来预测计划期销售收入的一种方法。它的特点就是企业近期因素变动对销售收入

的影响较大，一般来说，越靠近计划期，权数就越大。

③ 递增率预测法。如果企业近期的产品销售呈直线上升且上升比率是递增趋势，老板就能通过递增率预测法来确定企业产品销售在未来一段时期内将持续增长。值得注意的是，这种方法也同样适用于企业产品销售量呈递减变动时的预测。

总之，只要老板能够充分掌握营业收入预测的步骤和方法，根据市场的预测分析，就能及时调整企业的经营战略，从而提高企业的经济效益。

老板如何进行收入控制

收入实现是企业的重要经营目标，老板应该根据这一目标建立科学的收入控制制度。一旦建立，就必须要认真执行。老板进行收入控制，其主要目标就是保护企业的资产，这是企业财务管理的重要部分。它不但能够保证企业的正常收入，还能提高企业的服务水平，对企业的发展起着促进作用。

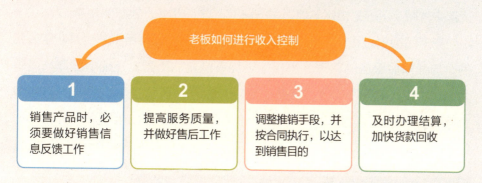

实际上，老板对收入的控制就是对营业收入的控制，主要是指老板按照计划的具体要求，对企业生产经营活动的过程与结果进行监督管理，以便实现预期的经营目标，达到提高企业经济效益的目的。对企业来说，老板进行营业收入的控制主要是针对销售收入的控制，而企业的销售收入主要是销售产品、商品或提供劳务供应所获的货币收入。如果老板想要做好收入控制，就必须从销售收入控制着手。它主要包括以下四个方面的内容。

1. 销售产品时，必须要做好销售信息反馈工作

无论企业是生产还是销售，都必须把市场作为导向，根据市场供求变化

121

来调整企业的经营活动。在销售产品的过程中，老板必须掌握市场的基本情况，并收集各种信息，如果发现原计划中有不合理的地方，老板可以根据市场变化适当做出调整，这也是为企业未来预测做好准备工作。

2. 提高服务质量，并做好售后工作

质量是企业的生命，它将直接决定企业生产经营的成败与兴衰。对于企业来说，要想维护与客户之间的关系就要不断提高企业的服务质量。服务质量主要包括企业服务态度和服务水平。通过提高服务质量，老板就能有效减少因销售而产生的诸多问题，如销货退回和经济纠纷等。这些问题减少了，无形中就减少了因销售问题而产生的费用，进而增加了企业的销售收入。

在产品销售过程中，除了提高服务质量外，做好售后服务也是非常重要的。加强售后服务的管理，不仅能够提高企业的信誉，还能增强产品竞争力，达到扩大销售的目的。对企业老板而言，做好售后服务，也同样能增强企业的竞争力，是打开产品销路的一个重要手段，同时，也是一种非常必要的追加投资。

3. 调整推销手段，并按合同执行，以达到销售目的

在市场经济条件下，企业采用何种推销手段将直接影响产品的销售量。如果老板采取的推销手段比较高明，就能迅速扩大产品的销售量，进而增加企业的销售收入。在销售产品时，老板一旦与客户签订经济合同，就必须按照合同认真执行下去，这样不仅能够加快企业的资金周转速度，而且能够提高企业的信誉，同时，也为企业生产经营营造一个良好的环境。

4. 及时办理结算，加快货款回收

一般来说，货款结算与回收主要是由财务部门统一办理的。但在产品销

售过程中，销售部门和财务有着密不可分的联系，各个部门需要互相配合，只有这样才能实现收入控制，所以，销售部门也应该协助财务部门做好货款回收工作。要知道，货款回收的快慢将直接影响企业资金周转的速度，如果企业货款被拖欠太多，很容易因坏账而导致部分资金损失，这样就会直接影响企业经营目标的实现。

另外，如果老板想要减少企业的坏账数量，在产品销售过程中，若与客户签订经济合同，就必须在合同中明确双方的责任和货款结算方式。这样，老板就不仅能够改善企业的商品发运工作，还能认真审查对方的信誉情况。

在市场经济条件下，企业经营手段有很多，其收入方式也越来越多，而销售收入占企业收入的比重比较大，老板若想让企业获得良好发展，就必须加强销售收入的控制，这对提高企业经济效益和改善企业经营管理有着非常重要的现实意义。

第六章

成本费用管理：省出的每一分钱都是利润

在企业生产经营过程中，成本费用能够直接反映企业资金的消耗量，在企业收入一定的条件下，它将直接决定企业的盈利水平。所以，老板必须对生产经营过程中所产生的各项成本费用支出进行有效控制，只有这样才能达到企业预期的经济效益。要知道，老板有效控制成本费用，省出的每一分钱都是利润。

降低成本费用就是增加利润

在市场经济条件下，企业间的竞争十分激烈，而成本费用在企业竞争中占据着非常重要的地位。很多企业的资源浪费情况十分严重，普遍存在着高次品率、高库存量等现象，这不仅增加了企业成本费用，而且是对有限资源的极大浪费，严重削弱了企业的竞争能力。企业要想生存与发展，老板必须采取各种措施来降低成本，只有以低于竞争对手的成本生产经营，才能将竞争对手打败。

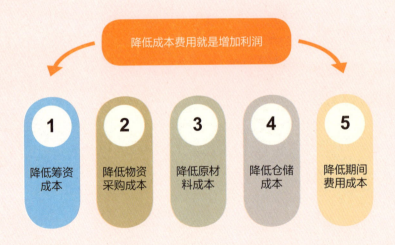

降低成本费用就是增加利润

1	2	3	4	5
降低筹资成本	降低物资采购成本	降低原材料成本	降低仓储成本	降低期间费用成本

企业成本费用是指企业在组织商品、经营管理过程中发生的各项费用，主要包括企业筹资成本、商品采购成本、仓储成本、期间费用等，而降低成本费用的目的就是增加企业利润。那么，老板作为企业的管理者，该如何做才能达到这一目的呢？

1. 降低筹资成本

资金成本是指企业在筹集和使用资金过程中所产生的费用，其中包括资金筹集费用和资金占有费用。资金成本作为企业的一项耗费，被当作收益的减项来得到补偿，所以，资金成本是老板降低企业成本的一项不可忽视的费用。

老板要想降低资金成本，就要根据企业的实际情况，通过市场预测，确定商品流转总额，并结合企业以往流通资金周转速度，确定合理资金的需要量。这样，可以有效避免因资金的数量不足而影响企业正常经营，或者是造成资金积压，利息太高而导致较高的筹资成本。

2. 降低物资采购成本

老板要想降低采购成本，就要认真分析供货市场，及时调整采购策略。同时，根据企业以往的材料预算，提前做好材料储备工作，合理避开原材料需求高峰；通过采购时间差，避开高价采购时间，有效降低采购成本。另外，老板还可以通过信息技术，如电子商务等搜寻市场信息，获得正确的市场价格，这对指导成本核算、指标确定和目标控制工作非常有利。更重要的是，老板还能通过与信誉度高的企业长期合作，让企业的物资采购获得长期的折扣，这也是降低采购成本的一种途径。

3. 降低原材料成本

在企业的产成本中，原材料成本大约占60%，所占的比重很大，所以，老板就需要节约材料来避免生产中的跑和漏等现象，以此来降低成本费用。在企业生产过程中，原材料成本的降低在企业经营中起着非常重要的作用，将直接影响材料采购的多少。如果原材料的成本降低了，产品的价格保持不变，那么企业的利润就会大大增加。

　　想要达成这一目标，老板首先应制定产品的单位材料消耗定额，还要编制完工预算，并根据此预算向供应部门下达材料采购计划。然后，由生产部门再编制生产预算，制定材料消耗定额。由于在生产过程中需要不断消耗物资，老板可以制定领料管理制度，要严把材料消耗定额关，根据产品产量和消耗定额对材料进行限额控制。同时，还要加强考核力度，实行奖罚制度。这样，老板就能有效控制原材料成本费用。

4. 降低仓储成本

　　库存太多，就会无形中增加企业的成本费用。老板要想降低仓储存成本，就要认真调查市场的产品需求量，按照市场需求来开发产品和组织生产，缩短产品的待售时间，减少产品的待售数量，降低产品的无形损失，从而降低仓储成本。另外，在产品生产过程中，保证产品质量也很重要。将产品质量保持在一个适当的范围内，只要符合合理的产品功能，就能有效降低生产过程中出现的废品，避免废品堆积，这也是降低仓储成本的一种有效方式。

5. 降低期间费用成本

　　期间费用是一种不计入产品成本的当期费用，与当期产品的销售和管理有直接的联系，而与产品的制造等过程没有直接关系。它主要包括直接从企业当期产品销售收入中扣除的管理费用、销售费用和财务费用。可以说，期间费用是企业费用支出的重要组成部分，降低期间费用，就能有效降低成本费用。

　　老板要想降低期间费用，就要制定严格的期间费用控制体系，其中包括预算控制、定额控制和审批控制；还要注重企业的经营模式的转变，加强内部控制，促使期间费用控制制度形成一种企业文化，增强自我约束能力，该花的花，不该花的不花或少花，养成一种良好的开支习惯。

　　总之，企业是以获取利润为目的，而降低成本费用就是增加企业利润的重要途径。在降低成本过程中，企业可能会存在很多问题，比如技术创新投入不足、成本管理方法落后等，这些问题都需要老板做出正确的决策。采用合理的成本策略，便能解决降低成本的诸多问题，从而更有效地完成降低成本费用的目标，增加企业利润。

成本费用管理的流程

　　只要企业进行各项经营活动，就不可避免要有资金耗费。在企业资金有限的条件下，老板必须在预定的目标范围内，对成本费用进行有效控制，争取用最低的成本消耗来实现最大的经济效益。因此，老板有必要掌握成本费用管理的流程，严格把好成本费用每一关，最终实现预期的成本目标。

　　在进行成本费用管理时，一般来说，老板必须掌握以下三个流程。

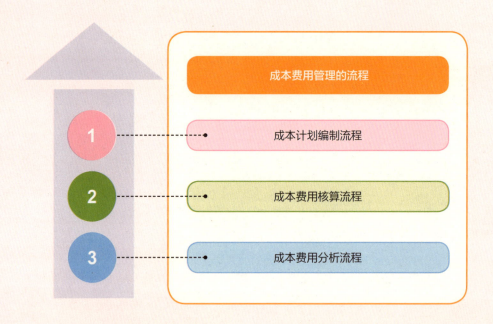

	成本费用管理的流程
1	成本计划编制流程
2	成本费用核算流程
3	成本费用分析流程

1.成本计划编制流程

（1）提出成本计划

老板要根据以往的成本资料，明确成本目标，提出一些影响成本的基本假设，然后据此提出一个初步的成本计划。

（2）编制成本预算表

根据初步的成本计划，进行成本预测，制定成本与收入相匹配的预算表，并将此表上交老板，经老板审核和审批后，编制成本预算表。

（3）形成成本计划并实施

根据编制的成本预算表，编制出成本计划表，经过审核和审批，老板做出最终决策，最后实施成本计划。

2.成本费用核算流程

（1）原始凭证收集审核

生产部门要对成本原始凭证进行收集、分类、整理和汇总。然后，生产部门将原始凭证上报给财务部门进行审核。

（2）进行记账处理

当原始凭证审核通过后，财务部门就可以根据原始凭证编制记账凭证，并对记账凭证进行审核，最后，核对一下账目。

（3）编制报表并归档

核对完账目，财务部门就可以编制成本报表，经老板审核和审批后，整理、归档。

3. 成本费用分析流程

（1）下达并执行产品成本费用计划

当财务部门下达产品成本费用计划后，生产部门必须按照成本费用计划开始执行。

（2）成本费用分析并确认

生产部门需要对生产成本费用进行核算，核算完毕后，将核算后的生产成本费用上交财务部门；再由财务部门进行复核，对单位产品成本进行核算，并分析成本的差异，将成本分析结果交给老板；最后由老板进行审核。审核通过后，老板进行审批和签字；如果审核不通过，则返回重新对生产成本费用进行核算。

　　了解这些流程后，老板基本对成本费用管理有了大致的认识。由此，老板在进行成本费用控制时，就要抓好经营费用、管理费用中可控费用的控制，比如办公费、会议费等，并要严格考核和审批，坚持逐级审批、计划报批，严禁先斩后奏。只要实行全过程监督管理，全员控制，就能有效控制成本费用。

老板如何进行生产成本控制

成功的企业都有各自成功的秘诀，失败的企业也有各自不同的难处。但有一点是相同的：成功之本，也是失败之本。企业进行各种财务活动的生产，其目的就是为企业创造利润，而降低生产成本是达成这一目标的重要途径。对于企业而言，做不到成本最低，就做不到价格最低，进而无法做到利润最大。如果老板采取的生产成本控制方法有问题，就会导致企业经济运行质量较低，无法与其他竞争对手相抗衡。所以，老板只有了解生产成本的相关知识，才能有效控制生产成本，降低成本费用。

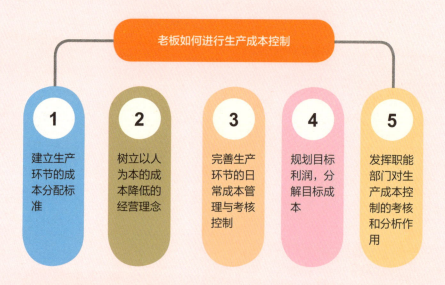

老板如何进行生产成本控制

1 建立生产环节的成本分配标准

2 树立以人为本的成本降低的经营理念

3 完善生产环节的日常成本管理与考核控制

4 规划目标利润，分解目标成本

5 发挥职能部门对生产成本控制的考核和分析作用

生产成本又称制造成本，是指企业为生产产品或提供劳务而发生的各项成本费用，主要包括各项直接支出和制造费用。其中，直接支出包括直接材料、直接工资和其他直接支出；而制造费用是企业为组织和管理生产所发生的各项费用，包括折旧费、维修费以及其他制造费用等。老板了解了生产成本的基本含义后，应如何进行生产成本控制呢？

1. 建立生产环节的成本分配标准

老板若想科学地进行成本控制，就要设计科学的生产成本控制标准，并认真贯彻实施，按照不同生产要素对生产成本进行分解，制定并细化生产成本消耗标准。在制定生产原材料物资消耗的控制标准时，不仅要制定产品总成本的控制定额，还要制定单位产品成本的控制标准。另外，有些产品制造步骤和环节比较多，就要制定分工序的材料消耗标准，这样，进行核算和考评材料成本会非常方便。

2. 树立以人为本的成本降低的经营理念

对于企业而言，成本控制的主要因素在人，老板应该树立以人为本的经营理念，这对企业的发展具有非常深远的意义。要知道，以人为本的经营理念要求尊重人才、知识和技能。老板将这种理念用于企业中，不断创造机会鼓励员工学习新技术、应用新工艺，这样就能整体提高企业员工基本素质和积极性，进而提高企业劳动生产率。

以人为本，也体现在人工的劳动报酬上。老板必须实行按劳取酬，推行人事和分配等制度的改革。这样，不但可以增强员工的竞争与危机意识、投入与产出意识、效率与效益意识，还可以在一定程度上，提高劳动生产率，降低生产成本，增加企业的利润。

3. 完善生产环节的日常成本管理与考核控制

想要控制生产成本，老板就必须建立一个生产环节的日常成本管理和控制制度。在建立过程中，老板需要强化仓库管理，完善材料领用制度；然后，再建立责任成本中心来考核责任成本，加强产品的质检管理；同时，还要对生产设备实行责任承包，建立一个固定资产承包管理制度，将责任落实到管理部门的每一个人，严格按照实际操作流程管理设备，提高设备的使用效率；最后，规范边角料和低值易耗品的管理。通过生产环节的日常管理与控制制度，老板就能杜绝一些不必要的生产成本费用的支出。这样节省下来的成本，就成为企业的一笔利润。

4. 规划目标利润，分解目标成本

企业的目标就是追求利润，老板可以根据历史资料等信息，确定目标利润率；老板还可以根据计划期的销售业务等指标来预计目标利润，以此来确定企业的目标总成本，将其作为成本控制的总额度；老板还需要根据企业以往的资料，明确产品生产成本占企业总成本的比例，从而推算出生产成本总额；最后，老板需要根据原材料成本、人工成本等具体成本项目占生产成本的比例，对直接材料成本、制造费用目标成本等进行逐步分解，并以此作为生产环节材料成本、人工成本等的控制目标。制定生产成本控制目标，并认真落实，对降低生产成本有一定成效。

5. 发挥职能部门对生产成本控制的考核和分析作用

财务部门定期与各生产部门进行沟通，了解成本控制的信息，并加强对生产成本的管理指导和监督控制。在生产过程中，生产技术部门需要做的就是适时协调和监督生产，及时跟踪和控制，并平行监控生产环节，以达到提高产品的质量和水平的目的；销售部门需要做的就是及时反馈市场信息，帮助生产部门改进工艺和设计，以提高产品的市场竞争力；企业研发部门需要做的就是努力加大产品研发力度、改进制造工艺，通过科学的工艺设计来降

低成本；考级部门需要做的是加大成本制度的考核力度，设计一个合理的考评指标，并定期进行考核和评价，从而调动企业员工成本控制的积极性和责任感。

所以，只要老板能够充分发挥各职能部门的作用，对生产成本控制进行考核和分析，就能有效降低生产成本，达到预期的生产成本控制目标。

总之，生产成本控制是实现企业经济管理的基础。在生产成本形成过程中，影响成本的因素有很多，如原材料价格、人工费用等，只要老板能够对这些因素进行限制和监督，就能及时发现与所设定的目标成本之间的差异，并采取相应的措施，将实际发生的损耗控制在目标成本范围内，进而达到控制生产成本的目的。不过，老板要想抓好生产成本控制，必须遵守生产成本控制的原则，只有这样才能获得最佳的生产成本控制效果。

老板如何进行劳务成本控制

在企业的整个成本中，劳务成本占有很大比例。它是企业提供劳务作业而发生的成本。劳务成本可以是企业内部的，也可以是企业外部的，如提供修理、搬运服务等相应的人工工资、劳保及相关费用等，这些都是劳务成本。控制劳务成本，在一定程度上，也是对企业成本费用的控制。那么，老板该如何进行劳务成本控制呢？

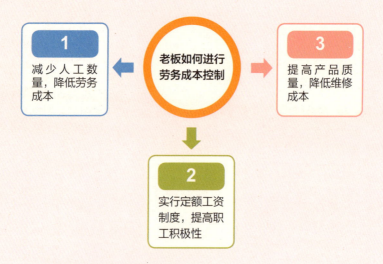

老板如何进行劳务成本控制

1 减少人工数量，降低劳务成本

3 提高产品质量，降低维修成本

2 实行定额工资制度，提高职工积极性

1. 减少人工数量，降低劳务成本

劳务成本含有一部分人工费用，这是一笔不小的成本开支。企业生产过程中，固定劳动定额条件下，如果安排的职工人数太多，就会造成一部分职工工作比较懒散，工作积极性不高，企业的生产率不高，而企业还需要支付一部分的不必要的人工费用。想要控制劳务成本，老板就必须先计划好一个项目大致需要多少职工，并进行合理安排，使每个职工都满负荷地有事可做，这样就可以有效减少人工数量，降低劳务成本。

2.实行定额工资制度，提高职工积极性

工资报酬制度是否合理，直接影响员工的积极性。实践证明，在生产管理过程中，实行定额工资制度，有利于提高员工的积极性，有利于提高其劳动生产率，从而降低劳务成本。

一般来说，老板可以采用两种方法来提高职工的工作效率：一种是时间定额；另一种则是计件工资。

（1）时间定额

时间定额是指企业工人完成一个工序所花费的时间，它是劳动生产率指标。在老板确定时间定额时，一定要根据企业的生产技术条件来合理确定。即只要通过努力，大多数工人都能达到，只有部分优秀工人可以超出，少数工人经过自身努力都可以达到平均先进水平。

一般来说，只要老板确定的时间定额比较合理，就能起到调动工人积极性的作用，促进工人技术水平的提高，进而不断提高劳动生产率。老板可以根据时间定额安排生产计划，进行成本核算，然后确定设备数量和人员编制，最后规划生产面积。可以说，时间定额是衡量职工贡献大小，实现按劳分配的必要制度。同时，它也是企业内部进行成本控制、评价经济效益的重要依据。

（2）计件工资

计件工资由计时工资转化而来，是一种变相的计时工资，它主要是指企业已规定计件单价计量，在一定时间范围内，企业职工生产合格产品数量而获得劳动报酬的一种工资形式。计件工资是按照工人完成的产品数量或作业

量支付的工资，是企业工资的一种形式。

实际上，计件工资的常用形式有很多，比如超额计件工资、提成工资、有效计件工资等。计件工资的最大特点就是将职工的劳动报酬与劳动成本直接联系起来，能直接、准确地反映出职工实际付出的劳动量，它可以更好地体现按劳分配的原则。实行计件工资，能充分调动职工的劳动积极性。多劳多得，少劳少得，如此一来，便能大大提高职工的工作效率，这也是有效控制劳务成本的一种方法。

3.提高产品质量，降低维修成本

实际上，产品质量的好坏也能直接影响劳务成本的高低。因为产品质量不好，产品的维修次数就会增多，在一定程度上，人工成本就增加了，进而不断增加了劳务成本。所以，老板要想控制劳务成本，就必须保证和提高产品质量，以降低维修次数，进而减少因产品维修所产生的人工费用，从而达到控制劳务成本的目的。

总之，在生产过程中，老板若想控制劳务成本，就须了解会出现哪些劳务成本，这其中又有哪些劳务成本是必须要花的，如人工工资等，而哪些劳务成本是可以降低的，如维修费等。只要老板搞清楚了这些，就能有效控制劳务成本，从而降低成本费用，达到增加企业利润的目的。

老板如何进行采购成本控制

在经营企业过程中，控制采购成本是非常重要的降低成本费用的手段。当采购成本下降后，企业的现金流出也会相应减少，不仅降低了产品的成本，还增加了企业的利润，从而提高了企业的核心竞争力。由于材料成本占生产成本的比重比较大，一般能够达到50％以上，所以，老板只有控制好采购成本，才能有效降低生产成本，增加利润。那么，老板作为企业的管理者，应该如何控制采购成本呢？

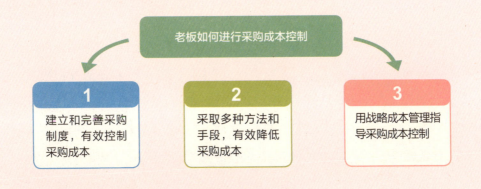

1.建立和完善采购制度，有效控制采购成本

采购工作主要是与外界打交道，所涉及的方面非常广泛，如果老板不制定严格的采购制度和程序，就会导致采购工作无章可依，也为采购人员提供了暗中操作的机会。所以，老板必须不断完善采购制度。

（1）建立严格的采购制度

一个严格而完善的采购制度，不仅能规范企业的采购活动，提高工作效率，还能够有效预防采购人员的不良行为。老板制定采购制度时，应该规定物料采购的申请、审批、采购流程，相关部门和人员的责任，各种采购规定和方式等。比如，在采购制度中，老板应该明确规定采购的物品要和供应商进行询价、议价，然后确定供应商，将所选的供应商及其报价详细填写在采购单上，如果采购的价格超过一定金额，就要附上几个书面报价等，以便财务部门或内部审计部门进行稽核。

（2）建立供应商档案和准入制度

与企业有着密切合作关系的供应商，老板要专门建立一个档案。供应商档案主要包括编号、地址、付款条款、交货期限等。每一项供应商档案的内容，都要经过严格审核后才能归档。当企业有采购需求时，采购人员也只能从已归档的供应商中选出最适合的。所以，老板需要派人专门管理供应商档案，并定期更新，只有这样才能获得较合理的采购价格。

与此同时，老板还需要建立一个供应商准入制度。如果企业需要采购一批重要材料，拥有这些重点材料的供应商必须经过质检和财务等部门的共同考核，只有这样才能进入供应商档案。如需要去供应商生产地进行实地考察的，则须等考察后，确认达到或超过评分标准的，才能正式归档。

（3）建立价格档案和价格评价体系

对于企业采购的所有材料，老板都必须严格要求采购部门对其建立一个价格档案。对于每批的采购物品报价，采购人员都要与归档的材料价格进行对比，并分析它们之间价格差异的真正原因。如果没有特殊原因，采购价格不能高于档案中的价格水平，否则，采购人员需要做出进一步的详细说明。

对于企业重点材料的价格，老板需要建立一个价格评价体系，可以由企业相关部门组成一个价格评价小组，定期收集一些供应价格信息，根据这些供应价格信息来分析并评价现有的价格水平。已归档的价格档案要定期评价和更新。老板可以根据企业的实际情况，一个季度或半年进行一次评议。

（4）建立材料的标准采购价格，根据业绩进行奖罚

对于重点监控的材料，老板可以根据市场的变化和产品标准成本定期制定一个标准的采购价格，这样可以充分调动采购人员的积极性，四处寻找货源，与供应商进行划价，货比三家，从中选择比较低的采购价格。

实际操作中，标准采购价格要与价格评价体系有机地结合起来，可以相应采取奖罚措施。如果采购人员完成降低公司采购成本任务，便可以得到相应的奖励；反之，老板就要分析其中的原因，并对其进行相应的惩罚。

老板做好以上几个方面的工作，不但能有效预防采购人员的暗中操作，还能提高效率，控制采购成本，完善采购管理。

2. 采取多种方法和手段，有效降低采购成本

1	2	3	4	5	6
把握好原材料价格变动的时机	选择付款条款来降低采购成本	对采购市场进行全面调查，并收集相关资讯	向制造商直接采购或结成同盟联合订购	用竞争招标来牵制供应商	与信誉度较高的供应商签订长期合同

（1）把握好原材料价格变动的时机

一般来说，原材料的价格会随着季节和市场供求情况发生变动。所以，

采购人员应该多关注原材料价格，掌握价格变动的规律，把握采购的最佳时机。比如，企业的主要原材料，一月份的价格是每千克3美元，到了十月份，价格上升到4美元，如果采购人员能够把握好时机和采购数量，就能为企业带来很大的经济效益。

（2）选择付款条款来降低采购成本

如果企业拥有大量闲置资金，或者银行利率比较低，老板可以采取现金交易或货到付款的方式支付采购费用，或许能获得价格上的优惠。另外，老板一定要慎重选择进口材料和外汇币种，要格外注意汇率的走势。比如，企业从荷兰进口生产线，老板考虑到欧元的走势比较弱，最终选择了欧元作为付款币种，而企业以前都是以美元作为外币，这样的选择，就为企业降低了设备的外汇成本。

（3）对采购市场进行全面调查，并收集相关资讯

企业需要对采购市场进行调查，并对相关资讯进行收集和整理，这将有助于老板充分了解市场的状况以及原材料价格的走势，使企业处于比较有利的地位。当然，为了更好地管理企业，老板可以专门派人从事这方面的工作，定期形成调研报告。

（4）向制造商直接采购或结成同盟联合订购

如果企业向制造商直接订购，其中的中间环节就减少了，从而达到降低采购成本的目的。与此同时，制造商的技术服务和售后服务规格会随订货量的增加而提高。企业可以与条件相当的同类企业结成同盟联合订购，这样要比企业单个订购优惠很多。

（5）用竞争招标来牵制供应商

如果企业想要减少采购大宗物料所需支付的费用，最有效的办法就是实行竞争招标，通过供应商的互相比价，老板就能从中获得较低的原材料价格。另外，对于同种材料，老板可以多找几个供应商，使其互相牵制，这

样，老板可以选择供应商的余地较大，还能多次进行比较，使企业处于非常有利的地位。

（6）与信誉度较高的供应商签订长期合同

对于供应商，老板一定要选择那些信誉度高的供应商，并与之签订长期合同，这样，不仅能够保证供货的质量和及时的交货期，还能获得材料价格上的优惠，尤其是已与其签订长期的合同，可以获得更多的优惠。

3.用战略成本管理指导采购成本控制

（1）对供应商产品或服务成本进行估算

很多老板进行采购管理时，大多强调的是企业内部的努力，但是想要全面控制采购成本，仅靠企业内部努力还远远不够，老板还需要对供应商的成本状况有个大致的了解。只有这样，在和意向供应商进行价格谈判时，才能够处于主动的地位。对供应商进行实地考察时，可以参观他们的设施，观察并适当提出问题，这样，老板就能获得很多有用的资料。当然，如果特别想与对方合作，老板也可以要求供应商提供相关真实资料，从中便能大致估算出供应商的成本费用。

在估算供应商成本的基础上，老板还要清楚地知道哪些材料在成本中占有较大的比重，如此便可与供应商进行沟通，一起协商并寻求降低重点材料成本的途径，进而降低企业的材料成本。不过，要想与供应商建立长期的合作关系，在价格谈判中，就要实现双方共赢的局面。

（2）分析竞争对手

分析竞争对手就是为了明确以下几个问题：我方与竞争对手相比，企业的成本态势如何？企业的优势和劣势的主要根源是什么？是由于竞争对手战略上的差异，还是由于各自所处的不同环境，或者是企业内部结构、技术等一系列原因？这些都是老板需要分析的问题。然后，老板就要找到解决的办法，从消除劣势和保持优势着手，制定战胜竞争对手的策略。由此可以看出，通过对竞争对手的分析，老板就能为企业找到一个努力的方向，从而在竞争中永占先机。

采购成本控制是成本控制的重要环节。在老板进行采购成本控制时，须多注意市场经济的原材料价格变化，建立一个材料标准价格档案，派可靠的采购人员去购买，把握好原材料价格最佳的时机，并与信誉高的供应商保持长期的合作关系，这样就能有效降低采购成本，从而为企业省下一笔成本费用。

老板如何进行费用控制

成本费用是企业的耗费。企业的目标是以最小的耗费创造最大的经济效益。在企业收入一定的条件下，成本费用将直接决定企业经济效益高低。因此，老板作为企业的管理者，只有掌握成本费用控制的办法，才能制定出切实可行的费用控制措施，从而实现降本增效，达到提升企业经济效益的目的。

1. 营造一个积极的成本费用管理环境

老板作为企业的管理者，首先，应该积极推动成本费用的预算，让企业拥有一个良好的成本费用环境。其次，应在企业内部划分职能，明确责任权限，合理授权和分配职能，将责、权和利相结合，营造一个积极的成本费用管理环境。

2. 加强人工成本的费用控制

随着现代企业制度的建立、市场经济体制的完善，与之相适应的会计制度已经合理地界定了人工成本范围。对于老板来说，必须重视人工成本的控制。在同样的技术和工艺条件下，人工成本因素是企业竞争的实力所在。其实，企业控制人工成本就是为了增加利润，而人工成本与企业利润存在着一定的制约关系，故而，当老板对人工成本进行调控时，不能仅仅依靠降低职工收入来增加利润，而是要控制总费用结构，要将企业利润与职工收入协调起来，让职工收入与企业利润同步增长，这也是控制人工成本的目标。

在人工成本结构中，工资是构成人工成本的重要组成部分，也是非常重要的基本激励因素。对工资水平的控制是人工成本控制的基本环节，老板可以按劳动力的投入，将员工的薪资水平合理拉开档次，这样可以有效调动职工的积极性，发挥工资激励机制的作用，达到有效控制成本费用的目的。

3. 不断完善成本费用预算指标

成本费用预算指标能够反映出企业的先进水平。从企业的成本费用水平来看，各企业的实际情况千差万别，成本费用预算指标并没有一定标准，所以，老板不能仅用一个标准去衡量企业。在确定成本费用预算时，老板一定要以企业的历史水平与现实水平为依据来确定预算年度的控制水平。

通过分析企业成本，老板就能够准确判断成本费用的消耗水平，从而提出新的成本费用控制标准。制定科学而合理的成本指标，将有助于引导企业成本费用管理与控制工作顺利进行。

4. 做好可控制类费用指标的细化分解工作

老板可以根据企业的实际情况，将费用类指标划分为定额类、控制类和其他类。其中，核定定额的费用，如工资等，这些属于刚性控制费用。还有一些成本费用属于严格控制类费用，这类费用以核定额度为标准，主要包括发票费用、商品损耗等，这些费用是可以进行有效控制的。为了降本增效，老板可以将这些费用与激励机制挂钩。

5. 将费用分类管理与控制

按照费用与收入的关系，费用主要包括变动费用和固定费用两大类。老板可以对其分别设定方法进行控制，只有这样才能有效实现费用控制的弹性化，不至于过于粗放。对于固定费用，老板可以参照企业历史数据。当企业规模、组织机构发生巨大变化时，原来属于固定费用的也不再固定，所以，老板一定要根据企业实际情况而定。

总之，老板在进行费用控制时，一定要培养全体员工控制成本的意识，使其养成节约成本的好习惯，关心费用控制的结果。要知道，费用控制是一项需要集体参与的工程，仅靠个人是无法做到的，只有在全员同心协力下，才能达到费用控制的目标。

第七章

利润管理：掌控利润区，保证绝对收入

利润是企业经营活动的主要目标，也是企业生存发展的核心指标。因为利润的多少将直接影响企业积累资金的数量和速度，也会影响企业再生产的规模和速度，所以，无论是老板还是投资人和债权人都非常关心企业的盈利能力。而且利润管理也是企业目标管理的重要组成部分。故而，作为企业老板，必须加强利润管理。老板只有掌控利润区，保证绝对收入，才能为企业创造更多的利润。

你的净利润的"含金量"如何

对于老板而言，要想知道企业净利润"含金量"如何，就必须看得懂现金流量表。一般来说，现金流量表是基于现金而编制的，它能够反映企业一个时期内现金的流入和流出，体现企业获得现金的能力。所以，作为老板，必须学会利用现金流量表所提供的会计资料对企业财务状况进行分析，只有才能更好地了解企业净利润的含金量，这是一项非常重要的工作。老板可通过以下几个方面的分析知道本企业净利润中"含金量"到底如何。

1.分析企业净利润的质量

利润表中的净利润基于权责发生制，对应计收入、应计费用等项目含有一定的估计成分。在确认并分配相关资产和损益项目时，就会因方法不同而产生不同的结果。这样就极有可能出现账面反映有较高利润，但在实际资金周转过程中，却发现没有足够的现金支付的情况。如果现金流量表基于收付实现制，即通过分析并调整利润表中各项目对现金流量的影响而计算编制，它就能体现出企业经营活动所得现金和净利润的关系；还能揭示出有些企业有盈利却没有足够的现金支付工资、股利和偿还债务，而有些企业没有盈利却有足够的现金支付能力的真正原因。这里，我们以"净利润现金含量"和"净利润经营活动现金含量"指标来解释这一现象，其具体计算公式如下：

净利润现金含量=现金净流量÷净利润

该指标能够反映的是企业当期实现净利润的可靠程度。当该指标大于1时，说明企业当期净利润拥有足够多的现金保障；而当该指标长期低于1时，则说明已经确定为利润的资产中极有可能含有一些实际上尚未转化或者不能转化成为现金流量的虚拟资产，比如企业长期无法收回的应收账款或呆滞存货等。

净利润经营活动现金含量=经营活动现金流量净额÷净利润

该指标能够反映出企业当期经营活动对净利润现金流量的保证程度。如果我们借鉴上市公司衡量标准，那么该指标的理想值应高于0.7。该指标有助于老板去除企业因投资、筹资等财务活动而带来对现金流量的影响，这样就能更加准确地反映企业通过经营性资产的流动来获取现金的能力。

2.分析企业生产性资产组合的变化情况

根据现金流量表中的相关数据，老板采用构成比率分析法来分析，就能看出部分与总体的关系，从而判断生产性资产构成和安排是否具有合理性；而对不同时期的现金流量表的同类指标进行比较，则能发现其增减变化的趋势。当然，老板可以利用间接法来编制现金流量表，其公式为：

经营活动的净现金流量=净利润+流动资产净减少额+流动负债净增加额+

不影响现金流量的费用和损失净增加额

可以用以下几个指标来反映生产性资产组合的变化情况，具体计算公式如下：

现金流动资产比=流动资产净减少额÷经营活动现金净流量

现金流动负债比=流动负债净增加额÷经营活动现金净流量

现金费用损失比=不影响现金流量的费用和损失净增加额÷经营活动现金净量

另外，老板还可以利用"权益保障系数"指标来衡量企业支付利息、股息和到期债务的能力，其计算公式如下：

权益保障系数=（经营活动现金净流量+筹资活动现金流入量）÷筹资活动现金流出量

该指标能够充分反映企业在经营、筹资活动中获取现金的能力，以及对债权人和投资者权益的保障程度。从长期来看，如果这一指标大于1，其比值越高，则表示企业如期偿还债务的能力越强。

3.分析企业取得和运用现金的能力

如果老板能够将现金流量表所提供的信息与资产负债表和利润表提供的信息结合起来考虑，就能比较系统地评价企业获得现金以及运用现金的真实情况，即可以通过计算出"收现率"和"付现率"指标来揭示这一信息。其具体计算公式如下：

销售收入收现率=当期销售商品或提供劳务收到的现金÷当期销售收入×100%

销售成本付现率=当期购买商品或接受劳务支付的现金÷当期销售成本×100%

应收账款回收率=当期收回前期应收账额÷应收账款期初余额×100%

应付账款付现率=当期支付前期购入商品或者劳务款÷应付账款期初余额×100%

在评价企业盈利质量的指标中，净利润现金含量对识别人为操纵利润以及防范信息使用者决策失误有着非常重要的作用。所以，老板要想知道企业净利润"含金量"如何，看懂现金流量表是关键，通过以上三种方法来全面分析，就能大致评估出企业的净利润"含金量"如何了。

目标利润规划

利润是企业在一定时期内全部收入减去全部支出后的余额，是企业生产经营的最终成果，是判断企业经济效益好坏的综合指标之一。所以，老板必须做好利润管理，它是企业管理核心工作之一，而做好目标利润规划则是做好利润管理的基本前提。

目标利润规划是企业进行科学管理的方法之一。它主要是对企业未来一个时期内经过努力应该达到的最优化利润，即目标利润，进行科学的预测、控制和规划。老板只有掌握目标利润规划的原则、影响因素、方法以及实施等，才能更好地实现目标利润规划。

1.目标利润规划的原则

一般来说，目标利润规划的基本原则包括可行性、客观性和指导性。

（1）可行性

制定的目标利润不能太高，也不能太低，要既先进又合理，能够反映出企业未来可实现的最佳利润水平。

（2）客观性

在规划目标利润时，老板必须根据企业客观存在的实际情况，以技术条件和市场环境为基础。同时，还需要参考实际已经发生的数据，不能随意确定目标。

（3）指导性

目标利润不仅能够指导企业日后的工作，还能规定和约束企业的未来发展。所以，在制定目标利润时，老板必须反复测算，一旦确定就不能随意更改。另外，老板应该尽快落实已确定的目标利润。在实现目标利润过程中，企业必须为产品、成本等方面达到指标而提供条件，以便实施后能够确保目标利润的实现。

2.影响目标利润规划的因素

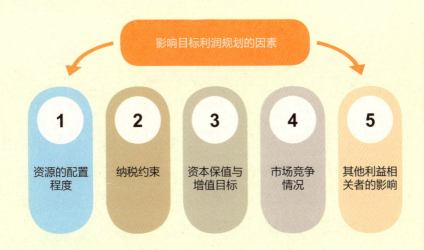

157

影响企业目标利润规划的因素有很多。

（1）资源的配置程度

目标利润能否实现，主要取决于企业各项资源，其中包括人力资源和管理资源等配套状况。因此，老板要想实现企业的目标利润，就需要全面提高各项资源的配置程度，为实现目标利润提供可靠而可信的依据。

（2）纳税约束

制定目标利润时，纳税不仅会影响企业的现金流量，还会降低企业资本增值率。资本实际增值率或报酬率是一种息税后利润概念，而为了达到资本保值与增值需要的利润目标却是一种息税前利润概念。这就要求企业资产的息税前收益率要达到或超过同行业平均水平。此外，老板还需要严格控制成本开支，有效实施税务筹划，合理安排资本结构，只有这样才能顺利实现预期的息税后利润目标。

（3）资本保值与增值目标

老板经营企业的最终目标就是实现资本保值与增值的最大化。而保值的目的就是增值，没有增值就不能实现资本的保值。在激烈的市场竞争中，老板若想实现资本保值和增值，就必须要求资本增值率达到或高于市场平均水平。所以，老板在做目标利润规划时，要从实现资本保值目标出发，必须充分考虑收益期望值。

（4）市场竞争情况

企业资本的保值与增值目标能否实现，主要取决于企业在市场中的竞争优势。所以，企业若想立足于市场，不但要确立以市场开拓为目标的营销策略，还要明确企业的目标市场和具有竞争力与发展潜力的产品定位。只有不断地进行市场渗透、市场开发、产品开发与多元化经营，与市场进行对接，才能顺利实现企业资本保值与增值目标。

（5）其他利益相关者的影响

企业财务行为与老板的利益是息息相关的。而对于其他利益相关者，比如债权人和客户等，同样也会产生直接或间接的影响。在其他利益相关者看来，管理者虽享有企业的控制权与分配权，但这些权力也有合理合法的要求。如果老板在制定目标利润时，只考虑管理者资本保值与增值的目的，而忽视其他相关者的期望，就会严重损害其他利益相关者的权益。

3.目标利润规划的方法

本量利分析法是老板进行目标利润规划采用的方法。它主要是指在变动计算模式的基础上，以数学化的会计模型与图文来揭示固定成本、变动成本、销售量等变量之间的内在规律性联系，能够为会计预测决策和规划提供必要的财务信息的一种定量分析方法。其计算公式如下：

利润=销售收入-总成本=销售×（单位售价-单位变动成本）-固定成本

如果老板能够仔细观察本量利分析模型，就能很轻松地掌握本量利之间的三种规律，具体如下：

①当销售收入既定时，单位变动成本和固定成本总额的大小将直接决定盈亏平衡点的高低。也就是说，单位变动成本或固定成本总额越小，盈亏平衡点就越低；反之，盈亏平衡点就越高。

②当销售量保持不变时，盈亏平衡点越低，那么盈利区的面积就会越大，而亏损区的面积就会随之缩小；反之，盈亏平衡点越高，盈利区的面积就会越小，而亏损区的面积就会随之扩大。

③当盈亏平衡点保持不变时，销售量超过盈亏平衡点一个单位，就能获得一个单位边际贡献的盈利。销售量越大，企业实现的盈利就会越多。

除了本量利分析法外，老板还可以采用比率法、利润增长比率法和倒求法来进行目标利润规划。不过，本量利分析法只适用于销售量与固定成本、变动成本、利润之间存在变动规律的企业，而倒求法比较适用于主观要求税后利润目标的企业，利润增长比率法则适用于稳定发展的企业。

4.目标利润规划的实施

当老板确定目标利润后，就要将此目标认真实施。首先要根据企业内部财务管理体制对目标利润进行分解；然后，老板可采用承包控制、分类控制和日程进度控制等方法，对目标利润进行日常控制；而对于目标利润实现情况的考核，老板可以采用比较法和比率法两种方法。

总之，企业若想获得利润，老板就必须进行目标利润规划。掌握目标利润规划的原则、影响因素以及方法，并认真贯彻实施，对有效实现这一目标起着关键的作用。所以，作为老板，只有掌握了利润管理的相关知识，才能让企业长期处于盈利状态。

利润核算业务的流程

利润核算结果不仅能够反映出企业的收益情况，还能直接影响利润分配，与企业下一时期的规划统筹有着非常密切的关系。所以，在利润核算流程中，老板必须按规范要求来完成一系列的有关利润核算的审批工作，只有这样才能有效监控利润核算中的关键事项。因此，老板很有必要了解利润核算业务的流程。

1. 利润核算

老板可以根据企业的年终汇总损益类科目，清查并核实各科目，比如营业成本、投资收益等。当各科目核实准确无误后，便可以进行利润结算。

2. 编制报表

在利润结算完毕后，老板就可以进行利润结转，并以此为依据编制利润表。一般来说，利润表能够反映企业在一段时间内的经营成果，还能反映企业业绩的主要来源和构成，有助于老板判断企业净利润的质量以及风险，老板预测净利润，从而做出正确的决策。利润表主要包括营业成本、营业收入、利润总额、净利润和每股收益。

从利润表上，老板能够看到营业成本中最需要控制的是营业税金以及附加、销售费用、管理费用、财务费用、财产减值损失；而公允价值变动损益和投资收益是需要不断增加的，尤其是联营企业和合资企业的投资收益。除此之外，在营业外收入中，老板需要不断增加的是企业营业外收入，需要减少的是营业外支出；而企业的利润总额，老板需要减少的则是所得税费用。

3. 报表分析利用

编制完利润表，老板可以根据利润表进行分析，并编制分析报告。一般来说，老板通过对利润表的分析，能够掌握企业一定会计期间内收入的实现情况，比如实现的营业收入有多少；还能了解企业的费用耗费情况，比如企业耗费的营业成本有多少。此外，老板还能掌握企业生产经营活动的成果，即净利润的实现情况，并据此来判断资本保值增值等情况。

另外，如果老板能够将利润表和资产负债表上的信息相结合，就能提供进行财务分析的基本资料。比如，比较赊销收入净额与应收账款平均余额，就能计算出应收账款周转率等，这样，老板就能了解到企业资金周转情况以及企业的盈利能力和水平，以此来判断企业未来的发展趋势，从而做出正确的经济决策。

4. 相关资料保存

编制完分析报告，就可以将分析报告放入利润核算资料进行保存。

在利润核算流程中，企业老板需要对利润表和利润表分析报告进行重点审批。在审批过程中，一定要注意几个关键点：第一，在审批利润表时，一定要认真审查利润表的项目设置和填列方法是否符合企业会计准则的基本要素，还要根据相关资料来核实利润表的相关数据内容是否真实正确；第二，在审批利润表分析报告时，老板主要审查利润表的分析方法是否具有科学性，分析依据是否具有客观性、结论是否正确、建议是否合理，确保利润分析结果能够真实反映企业的财务现状。

　　总之，如果老板想要做好利润管理，就必须掌握利润核算业务的流程。只有这样，才能更好地经营企业，控制不必要的成本，而节省下来的成本都会变成企业的利润。更重要的是，老板还能了解到企业经营情况，对企业的净利润做到心中有数，从而做出正确的决策。

"资本家"如何瓜分利润——税后利润的分配

利润分配就是老板将企业实现的净利润，按照法律规定的分配形式和分配顺序，在企业和投资者之间进行分配。而利润分配的过程与结果，将直接关系到所有者的合法权益以及企业的长期稳定发展。因此，作为老板，必须加强利润分配管理。利润分配管理主要包括利润分配的原则、利润分配的项目和利润分配的顺序。

1. 企业利润分配原则

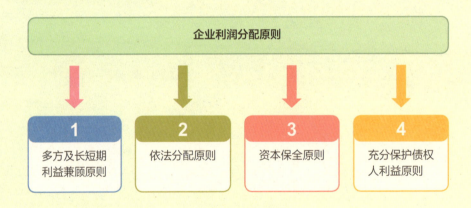

当老板分配利润时，一定要遵守以下几项原则。

（1）多方及长短期利益兼顾原则

进行利润分配时，老板一定要兼顾投资者和员工等多方面利益，尽量保持稳定的利润分配。除依法必须留用的利润外，出于发展及优化资本结构的需要，老板可以从长远发展的角度来合理留用利润。在处理积累和消费的关系时，老板应该贯彻积累优先原则，并合理确定提取盈余公积金和分配给投资者利润的比例，促使利润分配成为促进企业发展的有效手段。

（2）依法分配原则

国家有关法律法规对企业利润分配的基本原则、一般次序和重大比例都做了非常明确的规定，这样做的目的就是保障企业利润分配的有序进行，不仅能够维护企业和所有者、债权人以及员工的合法利益，还能促使企业通过不断增加积累来增强企业的风险防范能力。

（3）资本保全原则

在利润分配时，老板不能侵蚀资本，因为利润分配是对经营中资本增值额的分配，而不是对资本金的返还。按照资本保全原则，如果企业存在尚未弥补的亏损，就应该先弥补亏损，再进行分配。

（4）充分保护债权人利益原则

在分配利润之前，老板必须偿清所有债权人到期的债务，否则不能进行利润分配。当利润分配完毕后，老板还要有一定的偿债能力，这样就能有效避免企业产生危机而危及企业生存。另外，当老板与债权人签订了某些长期债务契约后，其利润分配政策必须征求债权人的同意或通过审核方能执行。

2.企业利润分配项目

按照《公司法》的规定，企业利润分配的项目主要包括法定公积金和股利。

（1）法定公积金

法定公积金是从净利润中提取的，主要用于弥补企业亏损、扩大企业生产经营或转增企业资本。在分配当年税后利润时，老板应该按照10%的比例来提取法定公积金。当法定公积金累计额达到企业注册资本的50%时，就不能继续提取了。不过，任意公积金的提取是由股东会根据需要决定的。

165

（2）股利（向投资者分配的利润）

提取公积金后，企业才能向股东（投资者）支付股利（分配利润），股利（利润）的分配应该以各股东持有股份（投资额）的数额作为依据，而每个股东都能获得股利，获得的数量与其持有的股份数成正比。

在原则上，上市公司应该从累计盈利中分派股利，没有股利是无法支付股利的。不过，有的公司用公积金来抵补亏损，这主要是为了维护其股票信誉，但经过股东大会特别决议后，才可以用公积金支付股利。

上市公司应当在章程中明确现金分红政策以及利润分配政策应当保持持续性和稳定性。另外，作为上市公司申请公开增发或配股的重要前提条件，公司三年以现金的方式累积分配的利润不应少于三年实现的年均可分配利润的30%。

3. 企业利润分配顺序

根据《公司法》等有关法律法规的规定，企业当年实现的净利润一般应按照以下顺序进行分配。

（1）计算可供分配的利润

将年净利润（或亏损）与年初未分配利润（或亏损）进行合并，就能计算出可供分配的利润。如果可供分配的利润为负数（即亏损），则不能进行后续分配；如果可供分配利润为正数（即本年累计盈利），就可以进行后续分配。

（2）提取法定盈余公积金

如果企业不存在年初累计亏损，法定盈余公积金就可以按照税后净利润的10%进行提取，而法定盈余公积金一旦达到注册资本的50%，企业就不能继续提取了。

（3）提取任意盈余公积金

股东大会确定任意公积金分配的标准。如果确实有需要，只要经过股东大会同意，也可以用于分配。

（4）向投资者分配利润

企业以前年度未分配的利润可以将其放入本年度进行分配。其分配顺序如下：

①支付优先股股利。

②严格按照公司章程或股东会决议来提取任意盈余公积金。

③支付普通股股利。

当老板充分了解这些利润分配的相关内容后，就能更好地进行利润分配了。不过，由于各企业所有制性质有所不同，所以，老板在进行利润分配时，一定要采用与之相对应的利润分配形式。更重要的是，老板必须严格按照利润分配的原则、顺序进行，只有这样才能做好利润分配。

第八章

税务管理：无限接近但不逾越

　　税务管理是财务管理中一项非常重要的工作，如果老板不懂税务知识，为了节税不惜偷税和漏税，就会受到一定的惩罚，甚至还会受到法律的制裁。老板管理税务时，可以无限接近但不能逾越税法规定，要有依法纳税的意识，在税法范围内，进行合法避税。

企业税务管理的目标及原则

在企业中，税务管理存在诸多问题，老板想要加强企业税务管理，就必须明确税务管理的目标及原则，这是企业税务管理的重要前提和保障。对老板而言，税务管理是财务管理中很重要的一个部分。由于企业税务管理的目标与财务管理的目标在很多方面存在着一致性，所以，税务管理目标和原则的确定，将直接影响企业财务管理的开展实施。

那么，老板作为企业的管理者，非常有必要了解税务管理的目标和原则。下面我们来分别进行阐述。

1. 企业税务管理的目标

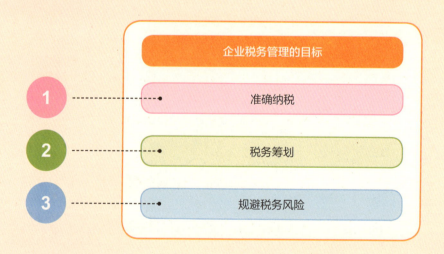

企业税务管理的目标

1　准确纳税

2　税务筹划

3　规避税务风险

（1）准确纳税

从税法的相关规定角度来看，准确纳税是指老板要严格遵守税法、法律和法规，要保证税款能够如期足额上缴，同时，企业也要享受应该享受的政策。

（2）税务筹划

一般来说，在不违反法律和法规的前提下，对与纳税有一定联系的企业经营活动或投资行为等，老板为了少缴税和递延纳税，就会提前策划出一系列纳税的方案，这就是税务筹划。老板进行税务筹划其实就是为了合理避税。

（3）规避税务风险

规避税务风险主要包括规避处罚风险和遵从税法成本风险。其中，处罚风险是指老板没有在规定时间内如期纳税而被税务机关处罚等风险；而遵从税法成本风险指的是由于外部环境和资源有一定的差异性，导致遵从成本无法确定的情况。

2. 企业税务管理的原则

一般来说，老板管理税务必须遵循四项基本原则，分别是合法性原则、成本效益原则、事先筹划原则和服从企业财务管理总体目标原则。具体

如下：

（1）合法性原则

老板进行税务管理时，必须遵守国家的税法和法律法规等，可以通过合法手段节约税款，降低企业税负。但绝不能通过伪造、编造等，或者是在账簿上多或少列支出，甚至不列收入，少报或虚报税收等违法行为来逃避纳税。可以说，依法纳税是老板应承担的基本义务，也是老板管理税务必须坚持的第一原则。

（2）成本效益原则

节税是税务管理的根本目的，老板必须重视企业的成本效益。在进行税务管理时，可以根据各种税务和企业的实际情况结合考虑；通过税务管理，可以减轻企业整体税负，从而实现企业获得收益减少超过税务管理的成本。只有企业的回收成本降低了，才能在同行业中具有较大的竞争力，才能创造更大的经济效益。

按照企业成本效益原则，老板必须熟知有关税收的法律法规，并熟练掌握业务活动，只有这样才能知道企业的生产经营，制定最佳的策略。

（3）事先筹划原则

一般来说，企业应纳税额不是核算决定的，而是由经营管理活动决定的，因为纳税核算反映的只是一个结果。所以，当老板进行税务管理时，要事先筹划和安排企业的经营和各项投资活动等，这样，不但能够减少应税行为的发生，还能有效降低企业的税收负担，从而达到税收筹划的目的。

（4）服从企业财务管理总体目标原则

老板在进行税务管理时，必须将现实的财务环境与企业的发展目标及发展战略综合起来考虑，并运用各种财务模型对各种纳税事项进行选择和组合。要知道，如果老板能够对企业的资金和资源进行有效配置，就能在一定程度上，获取税负与财务收益的最优化配置，从而实现企业价值最大化目标。

　　总之，老板掌握了税务管理的目标及原则，就能更好地管理税务。只要老板能够根据法律法规规定，利用好税收的各项优惠政策，进行合理避税，就能达到节税的目的。此外，还要对纳税风险做好防范、化解以及控制工作。这样，老板便能实现优化税务结构，降低税收成本，增强企业的盈利能力，提高企业的核心竞争力，进而促进企业的健康和可持续发展。

企业税务管理问题及对策

在遵守国家法律法规的前提下，企业能够合理避税，减少税收成本，这是每个企业老板需要深入研究的问题。然而，由于企业在利益上的不一致，对税法和会计了解不多，特别是老板对依法纳税的重要性认识不足等原因，造成整个税务检查过程中，企业会出现很多税务问题，受到不同程度的惩罚。那么，在企业中，老板会有哪些税务管理问题？

1. 税务管理普遍存在的问题

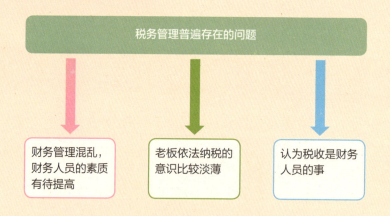

（1）财务管理混乱，财务人员的素质有待提高

有些老板根本不重视财务管理，造成财务管理比较混乱，企业内部存在核算不实、账目不全、记账不及时等现象，甚至有些企业老板仍然停留在手工记账水平。虽然有些老板也建立了账簿，但成本资料、收入凭证等残缺不全，记账不规范，难以查账。

另外，有些企业老板不请专业会计人员，而是招聘兼职会计人员，或者聘请他人代理账务。由于这些兼职会计人员责任心不强，对企业的工艺流程不熟悉等原因，无法按照《企业会计准则》等的规定进行记账。有些财务人员虽持有会计证，却缺乏税法政策知识，运用新会计准则和会计制度的能力较低，就会产生会计核算不健全、财务管理水平差等现象。

（2）老板依法纳税的意识比较淡薄

一些企业老板虽已办理工商营业执照，却不及时办理税务登记和如实申报纳税。这是因为他们总认为营业执照比较重要，有了营业执照，企业就可以正常运营，对于税务登记和纳税申报，直到得到税务机关的通知，才去办理。

在利益的驱使下，老板由于自身知识水平有限，缺乏纳税意识，不能正视自己的纳税义务，并想方设法偷税漏税。很多企业老板认为税务不是法律而是人情，只要与税务机关搞好关系就行，这就导致老板进行决策时，不考虑税收因素，当项目运行后遇到税收与效益产生冲突时，老板就盲目避税，甚至有意无意地偷税。

（3）认为税收是财务人员的事

税收是会计职能的一个重要方面，通过会计方法才能实现企业的计税基础和应纳税额。由于税收涉及企业生产经营的全过程，筹资、生产和销售等，都与税收有很大的关系，可以说税收不仅是财务部门的事情，还是企业每个职员的事。有些老板认为税收规范是财务部门的事。他们过于注重业务人员的业绩考核和业务扩展的要求，导致业务人员税收意识比较淡薄。实际上，税务是在企业财务活动中产生的，而不是在财务核算中产生的。如果老板进行决策时，对经营过程产生了不可弥补的税收风险，那么，财务核算是无法弥补的；老板若想通过财务弥补，就会加大企业税务风险。

以上就是企业税务管理普遍存在的问题，那么，作为老板，做出什么样的对策，才能有效地解决这些税务问题呢？

2. 解决税务管理问题的对策

（1）老板要有依法纳税的意识

当税务机构进行税法宣传时，企业老板要认真学习，要有依法纳税的意识，不能偷税，一旦偷税被查后，不但要承受经济上的损失，甚至还要被追究刑事责任，对老板而言，得不偿失。所以，老板必须认识到：企业要想发展，就必须规范生产经营和财务会计核算，诚信纳税。只有这样，企业才能更长足地发展。

（2）规范老板的决策行为

老板在要求会计人员遵守《会计法》时，也要规范自己的决策行为，这样才能不断完善各项监督制度。不断健全各项法律，保证会计信息真实性和完整性，在一定程度上，就能有效降低税务风险。

（3）定期对财务人员进行税法培训

老板有依法纳税的意识还远远不够，还要定期对财务人员进行税法和财务知识的培训，向其宣传企业财务会计、税收法律法规，特别是税收法律责任等知识。通过税法知识的培训，就能提高财务人员的认识水平和知识水平，促使其财务核算更准确，真实申报，并依法纳税。

（4）对会计人员实行持证上岗制度

老板必须实行会计人员持证上岗的制度，定期对会计人员进行税收培训。会计人员只有从思想上明确依法纳税的意识，才能帮助老板及时掌握税收政策和会计核算办法，从而提高企业财务核算水平，保证会计信息的真实性，避免因会计行为而给企业带来巨大的损失。

总之，企业税务管理出现问题并不可怕，可怕的是老板对税务管理的不重视，无法及时发现税务管理中的问题，发现不了问题就无法解决问题。税收管理出现问题，税收成本过高，就会直接影响企业的收益。要想企业获得最大的收益，就必须掌握税收知识，利用国家的税收优惠政策，合理避税，减少因不当避税而造成的经济损失。

老板要注意税收环境

对于国家来说，税收是国家财政收入的主要来源；而对于企业来说，税收是参与企业分配的一种形式，它将直接关系到企业的经济利益。自改革开放以来，国家的基本国情决定了税收的不公平。为了吸引外资，在税收上，国家给予外商企业很多优惠政策，比如所得税二减三免、退增值税等；而内资企业却没有什么税收优惠政策，比如计税工资、从价计征税、小规模增值税等。生产同样的商品，内企的税收要比外企高很多。这样，在激烈的市场竞争中，内企在商品价格上就不占任何优势，这就严重阻碍了中小企业的发展，导致很多企业为了节省税收，抓住国家税法的漏洞，想方设法地偷税漏税。

2008年年初，国家开始重视内企的发展，正式实行新税法。新税法的实施，减轻了内企的税收负担，将所得税税率从33%降到25%，不但取消了给外商企业的大量税收优惠政策，还取消了影响内企多年的计税工资，标志着国家提供了公平的纳税环境。不难看出，税收是国家用来调节企业的一个杠杆。

实际上，税收一直是企业面临的重要问题，一旦税收出现问题，很有可能会导致企业破产。在生产经营过程中，企业会产生很多税，但企业老板大多数都不了解税法，这也是税务风险产生的根源所在。另外，企业老板对财务的认识上有误，他们认为税收是财务的事，其实，财务只负责交税，产生税收的主要是业务部门。比如，销售部门由于销售产品，形成主营业务收入，这就涉及缴纳增值税、城市建设维护税和教育附加费。所以，税收怎么交，老板不能只看账怎么做，还要看业务怎么做。因此，老板要加强业务过程的税收管理，依法纳税，保证自身安全和资产安全。

然而，在进行税收管理时，很多企业老板却错误地认为业务随便做，合同随便签，企业有法律顾问和财务做后盾。当企业出现各种风险时，为了规避经营风险，老板就会让律师在合同上规避；为了规避税收风险，老板就会逼着财务解决问题，其实就是逼着财务去偷税。不难看出，很多风险其实都是老板随意的一个决策造成的。

很多老板看到较高的税负，就想逃税漏税，这是不正确的行为。老板应该懂点税收知识，了解税收不仅仅是财务问题，而是前期产生的过程。因此，在企业经营过程中，只有进行全面税收管理，才能规范企业税收行为，才能做到依法纳税，企业才能更好地发展。

老板作为企业的管理者，不但要注意国家的税收环境，还要加强企业的税收管理，将业务部门与财务部门结合起来，用税收手段去经营和管理企业。另外，老板想要规避税务风险，就要认真分析税收，对业务流程和如何交税进行监督。更重要的是，老板要培养专业的税收管理人才，依法纳税，营造良好的税收环境。

老板要进行纳税筹划

在激烈的市场经济条件下，企业之间的竞争越演越烈，很多企业老板都在寻求企业长足发展的出路。在企业管理中，老板面临众多挑战，尤其是企业如何更好地发展，这成为企业老板需要及时解决的问题。对于老板而言，加强企业财务管理中的纳税筹划能够减轻企业的经济负担，还能增加企业的经济效益。随着社会经济的发展，纳税筹划已成为企业管理发展的重要部分，依法纳税是老板应尽的义务，同时，老板也享有依法进行纳税筹划的权利。

纳税筹划即税收筹划，主要指在税法规定范围内，企业以减轻税负为目的，科学而合理地选择和规划企业的经营和投融资等活动，充分利用对企业有利的优惠政策，从而取得"节税"的税收利益。也就是说，纳税人在实际纳税义务发生前，选择较低的纳税负担。由此可以看出，纳税筹划具有合法性、目的性和筹划性三大特点。老板想要企业合法合理节税，就必须进行纳税筹划。如何进行纳税筹划，这是企业老板需要重点掌握的。

1. 纳税筹划的原则

纳税筹划的原则

1 事前筹划原则　2 经济原则　3 合法性原则　4 适当调整原则　5 保护性原则

在进行纳税筹划时，老板想要顺利实现节税，应该遵守以下五项原则。

（1）事前筹划原则

老板必须在经济业务发生前，调整相关业务事项，并选择最优的纳税方案。

（2）经济原则

进行纳税筹划时，老板不仅要追求企业整体税负的降低，还要控制纳税筹划成本。

（3）合法性原则

企业进行纳税筹划，必须是在税法允许范围内进行，而且不能与现行的税收政策相冲突。

（4）适当调整原则

纳税筹划没有固定的标准，老板进行纳税筹划时，可以根据企业实际情况的变化来制定最适合的纳税筹划方案。

（5）保护性原则

企业的会记账簿与凭证是税务机关向其征税的依据，所以，老板必须妥善保存。

2.纳税筹划的方法

181

一般来说，纳税筹划的方法有很多，以下几种是比较常见的方法：

（1）利用优惠政策，就能享受法定的减免税优惠。

（2）利用价格调整，可以将税务转移给购买者或供应者。

（3）利用递延纳税，就能获得递延期内该笔税款的使用价值。

（4）利用会计处理方案，在不违反法律法规的前提下，改变计税依据，就能起到适当调整税负的目的。

（5）利用转让定价，在关联企业的特殊交易条件下，就能轻松实现利润的转移或均摊。

3.纳税筹划的步骤

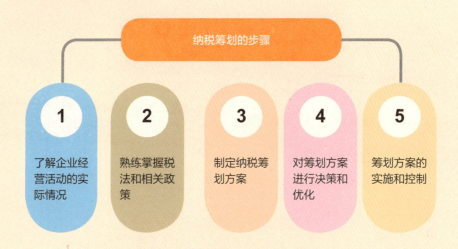

纳税筹划的步骤

1 了解企业经营活动的实际情况
2 熟练掌握税法和相关政策
3 制定纳税筹划方案
4 对筹划方案进行决策和优化
5 筹划方案的实施和控制

（1）了解企业经营活动的实际情况

老板进行纳税筹划时，必须了解企业经营活动的实际情况，在经济业务发生前，准确把握整个业务的过程和各个环节。

（2）熟练掌握税法和相关政策

老板应该熟练掌握税法和相关政策。根据企业经济业务情况，了解业务中所涉及的税种有哪些以及与之相适用的税务政策、法律法规的相关规定。

同时，老板还需要知道企业的税率，采用何种税收方式，业务发生的各项环节和税收优惠，以及在税收的法律法规中可利用的税法空间。

（3）制定纳税筹划方案

当老板对税法和相关政策有了大致的了解后，可根据企业经营活动的实际情况，有效利用优惠政策或税法来制定纳税筹划方案，这样就能合法减少税收支出。

（4）对筹划方案进行决策和优化

老板选择纳税筹划方案时，一定要遵循成本效益原则，只有这样才能实现纳税筹划目标。无论选择实施哪种筹划方案，老板都能从中获得相应的税收利益。同时，老板还需要为实施该方案付出一定的纳税筹划成本。在筹划方案中，一定会有隐性成本，老板要充分考虑到这些。只有当纳税筹划成本效益大于所得的收益时，该项纳税筹划方案才具有合理性，企业老板也大多能够接受。

一般来说，老板只有从多种税收方案中进行优化选择，才有可能制定一个成功的纳税筹划方案。对于纳税筹划优化选择的标准，在税收负担相对较小的条件下，企业整体利益才是最大的。另外，选择纳税筹划方案时，老板不能将所有目光集中在某一时期纳税最少的方案上，而是要站在企业的长期发展战略上考虑，选择一个适当的纳税筹划方案，从而实现企业整体效益最大化。

（5）筹划方案的实施和控制

纳税筹划方案不是固定不变的，实施过程中，老板一定要时时关注国家政策的发展趋势，与时俱进。除此之外，老板还需要结合企业业务发展方向和过程，不断调整纳税筹划方案，只有这样才能真正实现企业税收成本构成最大优化，达到利润最大化的目的。

4.纳税筹划方案的选择

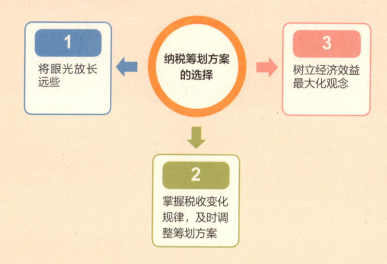

（1）将眼光放长远些

老板进行纳税筹划时，要尽量将眼光放长远些。不仅要着眼于法律上的，还要着眼于企业整体管理决策上，将企业发展战略结合起来去思考。这就需要企业所有人的支持和参与。

（2）掌握税收变化规律，及时调整筹划方案

进行纳税筹划时，老板必须认真学习和研究相关的税收法规政策。这样，在筹划实践中，老板才能充分运用现行的税收优惠政策。随着经济形势的变化，国家会因为宏观调控政策而适当调整收税政策。所以，老板不仅要考虑现行税收优惠政策，还要研究税收制度变化发展的规律，只有这样才能准确把握税收优惠政策的变动趋势。

（3）树立经济效益最大化观念

在纳税筹划过程中，老板要根据企业各方面的实际情况进行综合考虑，不仅要考虑利用国家税收优惠政策，还要考虑进行纳税筹划活动的风险收益分析，以及税收收益和收益成本分析。只有在所有相关利益中寻找一个均衡

点，才能实现企业整体利益最大化。只有企业整体利益最大化，所选择的税务筹划方案才是最佳的方案。

总之，只有老板掌握了纳税筹划的相关知识，才能选择一个最佳的税务筹划方案，从而实现企业整体利益最大化。不过，在纳税筹划中，老板需要防范诸如对税收政策的整体把握不够形成纳税筹划风险等问题，做好税务管理工作，达到预期的经济效益成果。

如何合理有效避税

在市场经济中，竞争十分激烈，各大企业为了争得一席之地，往往通过控制成本来提高企业的利润。另外，在利益的驱动下，老板们还想通过合理避税来达到利益最大化。可以说，利益的驱动是企业合理避税的主要原因，但也不排除其他原因。比如，由于国家的税法尚未健全，税法中一些规定，如税收优惠政策、税率的差异性等，常被用来进行合理避税。

在企业中，合理避税非常普遍，是企业合法减轻税负的必要手段。通过筹划企业的各种经营活动，不但可以有效减少纳税金额，提高企业的净利润，还能增强企业的核心竞争力。

合理避税最大的特点就是不违反税法规定，即只要在税法的范围内，老板就可以好好地筹划企业的各种经营活动。不难看出，合理避税是一种非违法性行为，这种行为的风险较低且收益较高。那么，作为企业的管理者，老板该如何合理有效避税呢？

1. 利用税收优惠政策

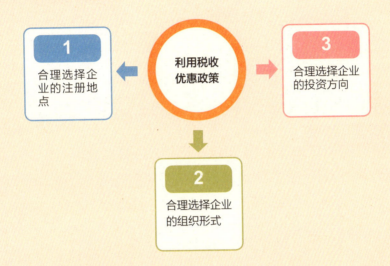

政府通过实施各种税收优惠政策来减轻企业的纳税负担，鼓励企业健康发展。税收优惠政策对社会经济的方向具有一定的引导作用，是国家干预经济的一种重要手段。老板通过税收优惠政策进行合理避税，可以采用以下几种方式。

（1）合理选择企业的注册地点

不同地区的税收存在很大的差异性，国家对经济特区和高新技术开发区等地区，实行较多的税收优惠政策。老板可以根据自身的实际情况注册到这些"绿洲"地区，将有效减少大量税金的支出，也是合理避税的一种方法。

（2）合理选择企业的组织形式

如果分公司不是一个独立的企业人，那么，分公司的经营活动就需要与总公司一起核算；反之，如果分公司是一个独立的企业法人，则其经营成果的好坏都无法转移给总公司。企业在创立初期，经营状况不太稳定，极有可能发生亏损的现象，此时，老板可以采用分公司的形式设立分支机构，便可将损失转移到总公司，将有效降低总公司税收金额，也不失为合理避税的一种方式。不过，老板要想将公司进行合并纳税，还需得到税务局的批文才行。

（3）合理选择企业的投资方向

当前，国家非常重视环保型经济的发展，在环保产业方面实施了很多税收优惠政策。所以，老板可以根据企业的经营特色，将部分资金投资转向这个方向，这也是合理避税的有效方法。

2.利用转让定价

转让定价是指企业与关联方交易时，不按照市场价格进行，而是根据自己的利益来确定交易价格。这是企业合理避税的一种重要方法。

如果关联企业的税率存在差异，可以采用转让定价的方式。在定价转让的过程中，税率较高企业的部分利润会转移到税率较低的企业，能够有效降低企业税负。其具体做法是，税率较高的企业向税率较低的企业以较低的内部转让价格销售商品和分配费用，或者是税率较低的企业向税率较高的企业以较高的内部转让价格销售商品和分配费用，这样双方都可以达到避税的目的。

然而，在转让定价时，转让价格是不固定的，可能会高于或低于市场价格，关键在于关联企业间的协调。在保持利润总额不变的基础上，减少企业的总纳税金额，就能达到减轻企业税负的目的。不过，老板在进行转让价格避税时，一定要注意税法中关于转让定价的调整方法。

3.利用费用分摊

在生产经营活动中，老板可以将企业产生的各项费用摊入成本。在分摊费用过程中，老板可以合理规划费用分摊方法，使费用最大限度地摊入成本，有效降低企业的利润，进而减轻企业税负。

在进行费用分摊时，老板可以采用的费用分摊方法有很多，如实际费用分摊法和平均分摊法等。不同分摊方法，对企业当期利润的影响也是不同的。只要老板掌握了分摊的方法，便可以合理合法地将费用尽快摊入成本。不过，企业早期利润可能会减少，好在缴纳的所得税也会减少，可以有效减轻企业税负。

不难看出，费用分摊有助于调节企业利润，它不但可以减少企业早期纳税金额，还能减轻企业纳税负担。所以，在老板利用费用分摊进行避税时，一定要考虑税法的相关限制，只有对税法和相关实施细则有了大致的了解后，才能更好地、合理合法地使用这种方法。

4.利用筹资

利用筹资是指企业通过一定的筹资来合理降低应缴纳的所得税，它是企业比较常见的一种避税方式，对企业能够起到减轻税负的作用。

一般来说，老板可以通过自我积累、借款和发行股票三种渠道来筹集资金。然而，自我积累发放的股金和发行股票后向股东发放的股利都是企业税后利润的一部分，这些费用不能在税前扣除，无法抵减企业缴纳的所得税，自然达不到企业避税的目的。不过，企业借款后的利息支出是可以在税前扣除的，能够有效减少企业的利润，从而降低企业应缴纳的所得税。

在进行筹资时，如果资本结构的负债率不高，老板就可以通过借款的方式进行筹资，这种筹资方式所产生的利息可以在税前扣除，能够有效降低企业应缴纳的所得税。但由于利用借款筹资进行避税有很多限制，企业的债务风险也比较大，所以，老板要充分掌握税法的相关知识来有效回避风险。

5. 利用避税地

利用避税地是指企业通过在避税地注册来降低企业纳税总额，从而提高企业经济效益和竞争力。

一般来说，老板在避税地注册时，主要就是通过在避税地的企业和其他地方企业进行商业交易和财务运作等，这样就可以将其他地方企业的利润转移到避税地，然后利用避税地较低的税率减轻企业的税负。老板在避税地注册后，可以将企业利润转移到该注册公司，而是否在此进行经营活动则可自行决定。

由于避税地的税率较低，甚至还会实行零税率，很多老板都想利用避税地来达到避税的目的，故而避税地注册受到国家的严格审查。

6. 利用租赁

租赁是指出租企业将资产租借给需要这笔资产的企业使用，并按照合同的规定定期向承租企业收取一定的租金。对于承租企业来说，租赁可以有效避免支付购买资产所需的大笔资金，还能达到合理避税的目的。

在市场经济中，很多老板可能会临时需要一笔资产投资一个项目，一旦该项目结束，购买的资产就会闲置，这样会给企业带来很多不必要的浪费。在这种情况下，老板就可以选择租赁该资产。租赁资产可以有效避免企业承担资产陈旧过时以及支付购买资产所需资金的风险，还能通过使用这笔资金进行投资来获得利润。除此之外，企业租赁资产所支付的租金还可以税前扣除，这样就会减少企业的利润总额，降低企业应缴纳的所得税，所以是减轻企业税收负担的一种方法。

在性质上，合理避税与偷税逃税有很大的不同，它是一种非违法的行为。合理避税具有钻税法空子之嫌疑，甚至有"打擦边球"的意味，需要老板拥有专业素质，否则就会给企业带来很大的损失。总之，只要老板是在依法纳税、足额缴纳税款的基础上进行合理避税，这些做法都是合法的。当老板具备了这个条件，并对税法十分了解，就可以利用各种避税方法来减免税负。